孙葭/编著
舒春 刘向伟/绘

了不起的中国历史人物

写给孩子的
名医圣手

CHISO
新疆青少年出版社

图书在版编目（CIP）数据

写给孩子的名医圣手/孙葭编著；舒春，刘向伟绘. -- 乌鲁木齐：新疆青少年出版社，2023.11

（了不起的中国历史人物）

ISBN 978-7-5590-9879-5

Ⅰ.①写… Ⅱ.①孙… ②舒… ③刘… Ⅲ.①医学家-生平事迹-中国-古代-青少年读物 Ⅳ.① K826.2-49

中国国家版本馆 CIP 数据核字 (2023) 第 194232 号

了不起的中国历史人物
写给孩子的名医圣手
Xiegei Haizi De Mingyishengshou

孙葭 / 编著　舒春　刘向伟 / 绘

出版人：	徐 江		
策　划：	许国萍　张红宇	责任编辑：张红宇　刘悦铭	助理编辑：胡伟伟
装帧设计：	舒　春	美术编辑：邓志平	
法律顾问：	王冠华　18699089007		

出版发行：	新疆青少年出版社有限公司
地　　址：	乌鲁木齐市北京北路 29 号（邮编：830012）
网　　址：	http://www.qingshao.net
经　　销：	全国新华书店
印　　制：	天津博海升印刷有限公司
开　　本：	710mm×1000mm　1/16
印　　张：	10.75
版　　次：	2023 年 11 月第 1 版
印　　次：	2023 年 11 月第 1 次印刷
印　　数：	1-5 000 册
字　　数：	90 千字
书　　号：	ISBN 978-7-5590-9879-5
定　　价：	38.00 元

制售盗版必究　举报查实奖励：0991-6239216　　版权保护办公室举报电话：0991-6239216
服务电话：010-58235012　010-84853493　　　　如有印刷装订质量问题 印刷厂负责调换

了不起的中国历史人物
名医圣手

目录

序

【战国】扁鹊 …… 002

【西汉】淳于意 …… 018

【东汉】华佗 …… 032

【东汉】张仲景 …… 048

【西晋】王叔和 …… 066

【东晋】葛洪 …… 080

【唐朝】孙思邈 …… 096

【明朝】李时珍 …… 116

【清朝】叶天士 …… 142

序

（马勇，中国社会科学院近代史研究所研究员）

早些天，张弘先生发来这套书稿，嘱我为之撰写序言。

这套"了不起的中国历史人物"丛书是新疆青少年出版社承担的"十四五国家重点出版物"出版项目。据出版者介绍，全套书共八册，以故事的方式介绍了在中华民族历史长河中曾作出杰出贡献的几十位历史人物，他们涉及文史哲、政经法，以及科学、艺术等诸多领域，读者对象为广大的少年儿童。翻阅书稿，自己竟然沉浸其中。流畅的文字、严谨的结构、清晰的叙事及可信的史料，构成了这套书的基本面貌和上乘品质，多幅生动的插画进一步提升了阅读感受，相信会受到少儿读者的欢迎。

如何向少年儿童讲述中国历史，一直是摆在历史学家面前的难题。过去几十年，学术界做过不少探索，成绩固然可喜，但其中的不足与教训也值得反思：

一是写作者低估阅读者的知识水平和鉴赏力，具体体现为作品立意与格调不高、文字表述不够严谨、过于口语化和网络语言化、内容缺乏史料支撑且野史当道。这种看似迎合读者的做法，其实是对读者的不尊与伤害。多年来，我不懈地建议那些立志向青少年普及中国历史知识的作者们，一定要用平等的视角尊重对待青少年读者，一定要相信新一代读者的知识储备与阅读能力，一定要在作品上下足功夫，因为我很清楚，少儿知识读物的创作，其难度大于成人读物，优秀的儿童知识读物作家，一定是能够把专业知识吃透，并能够用通俗易懂的方式进行讲解的学术大家，例如吴晗、林汉达等。所以，少儿知识读物的创作者需始终保持敬畏的心态，去了解你的读者、尊重你的读者，全心全意为他们服务，只有这样，你的作品才能赢得小读者的青睐。

二是讲述与呈现的方式方法有待提高。中国历史知识的大众化、普遍化，并不是我们这几十年才有的课题，甚至可以说是中国历史学的永恒主题。司马迁的《史记》就不必说了。宋元以来，伴随经济和城市的发展，大众化的历史读物深刻影响了中国人的历史观，这些读本流传至今，依然经久不衰。例如三国故事、隋唐故事，以及不胜枚举的话本、唱词和历史小说。这些作品潜移默化地让读者在不经意中记住了历史，记住了典故，丰富了历史知识，建构了自己的历史观，这些经验都值得新一代历史书写者去揣摩、消化、发展与创新。

"了不起的中国历史人物"的写作者正是汲取了以往此类图书创作的经验和教训，并基于自己的学识背景，结合对中国历史人物最新的史料研究成果，采用了较易贴合少儿读者接受能力和阅读兴趣的形式，把中国历史上的这些了不起的人物用深入浅出的方式一一道来。我以为这种方式和方法是正确的，值得深入研究并予以推广。

　　此外，我颇为赞同的是这套书的系列名——"了不起的中国历史人物"，它直白地宣示了我们对中国历史的尊重。尊重先人的贡献，就是尊重我们自己的历史。中国历史学强调为尊者讳，就是告诉后人，要充满温情与敬意去看待自己祖先的功绩。只有记住了那些"了不起"，才会增进我们的民族自豪感，激活内心的创造动能。历史是一个接力过程，也是一代又一代人接续奋斗的历程。重温中国历史上那些"了不起"的人物，必会增添后人追慕祖先、继续奋斗的勇气与力量。

　　与亲爱的读者共勉，是为序。

名医圣手

历史是一门常说常新的学问,历史研究是主观性极强的一门学问,除了史料,研究者的经验、阅历、知识、视野,都在制约或影响历史的复原。

扁鹊

姓名 / 扁鹊

朝代（时期）/ 战国

出生地 / 渤海郡（今河北任丘）

出生时间 / 约公元前 407 年

逝世时间 / 约公元前 310 年

主要成就 / 擅长四诊，精通针灸、按摩、汤液、热熨等疗法，被尊称为"医祖"

扁鹊是战国时期著名的医学家,他学识渊博,医术高超,擅长妇科、儿科和五官科,年少时曾跟随长桑君学习医术,得其真传,后来成了百姓口中的"神医"。同时,他奠定了中医学的切脉诊断方法,开创了中医学的先河。

 生于战国时期,早年为客店主人。

 拜长桑君为师,学习医术,得其真传。

 云游列国,治病救人,被称为"神医扁鹊"。

 主张"六不治"原则,尤其反对巫术。

 受人嫉妒,被刺杀身亡。

拜师学医

两千四百多年前，渤海郡鄚(mào)州镇（今河北沧州一带）一位名叫秦越人的年轻人在当地一家客店当主管，替贵族管理客店。

一天，一位满脸长胡须的老人走进客店，秦越人赶忙过去招待。他双手合抱，弯腰作揖(yī)对老人说："老人家，里面请！"

"店家，这里可有干净的空房？"老人问道。

"有，有。"秦越人一边说着，一边扶着老人走进房间。

后来，秦越人给老人端来热水，伺候老人洗了脸、泡了脚。等老人舒舒服服地躺下休息了，他才转身出去。

第二天天一亮，老人付完房钱就离开了。几天之后，这位老人又来住店，秦越人还像上次那样热情周到地服侍老人。

老人非常感动，对秦越人说："谢谢你的照顾，我还想在你这里多住些日子，可以吗？"

"当然可以！"秦越人爽快地答应下来。

名医圣手

就这样,老人在秦越人的客店里住了下来。他白天天一亮就出去,到很晚才回来,一直这样住了好几个月。期间,秦越人一点都没有厌烦,每天都无微不至地伺候老人的饮食起居。

有一天,老人把秦越人叫到自己床边,十分真诚地对他说:"小伙子,我在这里住了这么长时间,看得出来你是一个善良的人。你对待我像对待自己的亲人一般,每天照顾我,不嫌我老,不嫌我穷。其实,我是一个行医治病的大夫,每天出去都是给人看病。现在我老了,手里还有一些祖上传下来的治病妙方,可惜我没有儿子。现在,我想把我的医术和秘方都传授给你。你要保守秘密,好好学习。"

听完这些话,秦越人一下子愣住了,不知该怎么回答才好。老人看出了秦越人的为难,赶忙追问道:"怎么?你不想学医治病救人吗?"

"想,当然想。"秦越人这才缓过神来,连忙答应。

"太好了,这下子我的医书和良方就不会失传了。"老人笑呵呵地说。

老人掏出一个卷轴,小心翼翼地展开,然后指着上面密密麻麻的字迹说:"这上面是治病救人的方法,你一定要认真学习,切记不可外传。"

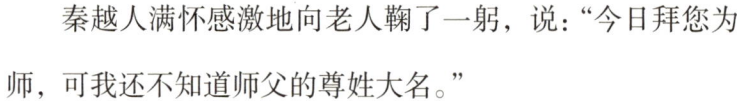

秦越人满怀感激地向老人鞠了一躬，说："今日拜您为师，可我还不知道师父的尊姓大名。"

"人们都叫我长桑君。从今天起，你就是我的徒弟了，你要谨记，以后治病救人时，千万不能敲诈病人的钱财，也不能把这些秘方传授给坏人。"

"是，徒儿记住了。"秦越人毕恭毕敬地回答。

就这样，秦越人跟着长桑君学起医术。他聪明好学，天资过人，很快就学到了长桑君的全部医术。长桑君去世后，秦越人就独自一人四处行医，治病救人。在赵国行医时，人们都叫他"扁鹊"，称他为"神医"。

行医列国

扁鹊医术高超，具有医德仁心，不管走到哪里，都能赢得人们的敬重。他云游列国，为君侯和百姓们看病，"神医"的名号越传越远。

扁鹊来到魏国时，魏文王向他求教："我听说你们秦家三兄弟都精通医术，谁的医术最好呢？"

"大哥最好，二哥差些，我最差。"扁鹊答道。

"为什么这么说呢？"魏文王不解地问。

扁鹊解释说："大哥治病是在病人发病之前，在病人还

名医圣手

【战国】扁鹊 【西汉】淳于意 【东汉】华佗 【东汉】张仲景 【西晋】王叔和 【东晋】葛洪 【唐朝】孙思邈 【明朝】李时珍 【清朝】叶天士

没有觉察时,就下药铲除了病根;二哥治病是在病人症状初起,在病人的病情还不重时,就能药到病除;我治病是在病人病情严重时,要用针灸、放血、敷药、手术等疗法才能治好病人。"

魏文王大悟:事后弥补不如事中控制,事中控制不如事前预防。遇事应该防患于未然,而不该等到问题出现时才去弥补。

有一次,扁鹊和弟子路过虢(guó)国,听到那里的百姓议论纷纷:"真可惜呀,真可惜呀!"

扁鹊上前询问出了什么事。百姓们说，虢国的太子一直好好的，突然间就死了。扁鹊听了，认为这可能是一种突发的"尸厥症"——患者突然晕倒，气息微弱，就像死去一样。于是，他急忙带着弟子来到宫门口，找到中庶子（太子的侍从官）问道："太子患什么病？"

"太子的心口被气堵住，突然间就倒地不起了。"中庶子有些不知所措。

"多长时间了？"扁鹊接着问。

"从早上到现在，已经半天了。"中庶子想了想说。

"入棺了没有？"扁鹊又问。

"还没有。"中庶子不耐烦地说。

扁鹊听完松了一口气，赶紧让人通报虢国的国君，说自己能救活太子。

中庶子半信半疑，进宫把扁鹊的话禀报给国君。

国君听到神医扁鹊来了，急忙召见。他对扁鹊说："请求神医救救我的儿子！"

扁鹊走到太子床前，先给太子诊了诊脉，又俯身在他的胸口听了听，然后摸了摸他的大腿根，这才起身说道："太子还有救！太子的身体还有余温，心、肺还有微弱的气息。他应该是得了'尸厥症'，可以治好的。"

说完，扁鹊让弟子拿来针灸用的针，在太子的百会穴

名医圣手

〖战国〗扁鹊 〖西汉〗淳于意 〖东汉〗华佗 〖东汉〗张仲景 〖西晋〗王叔和 〖东晋〗葛洪 〖唐朝〗孙思邈 〖明朝〗李时珍 〖清朝〗叶天士

上扎了一针,又派人拿来几块光滑的鹅卵石,在火上烤了烤,放到太子的身体两侧。

不一会儿,只见太子渐渐有了微弱的气息,眼睛也微微睁开了。扁鹊随即从随身携带的药箱里挑出几味中药,吩咐弟子去熬药。太子吃了药,没过多久就痊愈了。

虢国国君高兴极了,称赞扁鹊有起死回生的本领。

扁鹊谦虚地答道:"世上哪有起死回生的道理。太子本来就没有死,我只是治好了他的病而已。"

还有一次,扁鹊来到晋国。当时,晋国的统治者是晋昭公,这位君王有名无实,而众位大夫的势力极为强盛,卿相赵简子更是独揽了大权,统掌着国事。一天,赵简子病了,五天五夜都不省人事,这令其他大夫十分担忧。他

们立即请来扁鹊替赵简子医治。扁鹊诊断后从房里出来，大夫董安于焦急地询问赵简子的病情。

扁鹊不紧不慢地说："赵大夫的身体并无大碍，他的血脉正常，你们不必惊慌！"

"可他为什么一直昏迷不醒呢？"董安于接着问道。

扁鹊回答说："据秦国史书记载，秦穆公也曾出现过这种病症。他昏迷了七天七夜才苏醒。醒来之后，秦穆公对身旁的大臣公孙支和子舆说：'我到天帝那里与众神游玩，非常快乐。此去之所以这么长时间，是因为正好碰上天帝为我指点迷津。天帝告诉我，晋国不久之后将会发生大乱，此后五代都不能安定。之后晋国将出现一位霸主，可这位霸主称霸不久就会死去，而他的儿子将令我们秦国淫乱不堪。'公孙支把这些话都详细记载了下来。而晋国此后的历史——晋献公的混乱、晋文公的称霸，及晋襄公在崤山打败秦军后放纵淫乱——都印证了秦穆公的话。如今，赵大夫得了与秦穆公同样的病，不出三天他就会痊愈，醒来后他必定也会说类似的话。"

果然，不到三天，赵简子就苏醒了。他醒来后对众大夫说："我到天帝那里与众神游玩，非常快乐。天庭之中众神弹奏着各种乐器，跳着各种舞蹈，乐曲悠扬，舞姿优美，场面非常热闹。后来，天帝命我射杀一只黑熊，我射中了；

天帝又命我射杀一只罴(pí)，我也射中了。天帝非常高兴，赏赐给我两个竹笥(sì)，里边都装有首饰。天帝还把一只翟犬托付给我，并说：'等到你的儿子长大成人时赐给他。'天帝告诉我说：'晋国将会一代一代地衰落下去，到了第七代便会灭亡……'"

董安一边认真听，一边将这些话记录下来，并把扁鹊此前的预言全部告诉了赵简子。赵简子自知扁鹊神通广大，即刻下令赏赐给他四万亩田地。

讳疾忌医

一次，扁鹊路过齐国，面见齐桓公。在交谈中，扁鹊发现齐桓公的气色不太好，于是说道："大王您生病了，现在病症还在皮肤的纹理之间。若不赶紧治疗，恐怕病情会加重。"

齐桓公听了笑着说："我现在好好的，根本没有生病。"

等扁鹊走了，齐桓公对别人说："这些医生就喜欢给没病的人治病，以此来炫耀自己的医术高明。"

十天后，扁鹊再次来到齐桓公面前，郑重地对他说："大王，您的病情确实加重了，现在病症已经侵入血脉之中。若不赶紧治疗，恐怕会更严重。"

了不起的中国历史人物

齐桓公听了依旧不理不睬。

又过了十天,扁鹊再次面见齐桓公,非常严肃地说:"大王,如今您的病症已经深入到肠胃。如果再不赶紧治疗,恐怕就治不好了。"

齐桓公听了非常生气,再也不搭理扁鹊了。

又过了十天,扁鹊仍旧惦记着齐桓公的病情,于是再次进宫求见。可是这一次,扁鹊看到齐桓公后转身就走了。

齐桓公觉得奇怪,于是派人前去追问扁鹊。

扁鹊惋惜地说道:"病症在皮肤的纹理之间时,采用烫熨的方法可以治好;病症侵入血脉时,采用针灸的方法可以治好;病症深入肠胃时,采用火齐汤药可以治好;病症

名医圣手

抵达骨髓时,已经没法治了,只能听天由命。现在大王的病症已经抵达骨髓,我也无能为力了。"

果然,没过几天,齐桓公的病症开始发作。他浑身疼痛,赶紧派人去请扁鹊。可扁鹊早就离开了齐国。没过多久,齐桓公就病死了。

后来,人们把那些隐瞒疾病,又不愿接受医治的行为称为"讳疾忌医",比喻怕人批评而掩饰自己的缺点和错误。

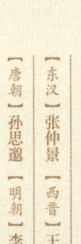

反对巫术

扁鹊医术精湛,但不会对六种病人进行救治,即扁鹊的"六不治":信巫不信医;骄恣不论于理;轻身重财;衣食不能适;形羸不能服;讳疾忌医。具体来说,这"六不治"原则包括:一是相信巫术不相信医道的不治;二是依仗权势,骄横跋扈的人不治;三是贪图钱财,不顾性命的人不治;四是暴饮暴食,饮食无常的人不治;五是身体虚弱,不能服药的不治;六是病情严重,不早求医的不治。

在这"六不治"之中,扁鹊尤其痛恨巫术。在古代,百姓们不了解医学知识,生病之后常常请一些装神弄鬼的巫师,用画符念咒的方法驱除疾病。这些巫术大多都是骗人

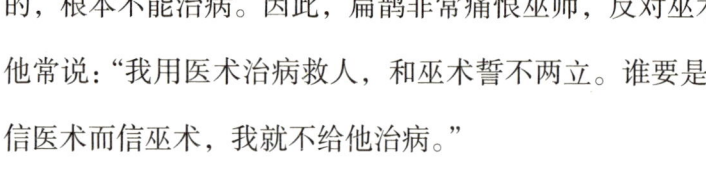

的，根本不能治病。因此，扁鹊非常痛恨巫师，反对巫术。他常说："我用医术治病救人，和巫术誓不两立。谁要是不信医术而信巫术，我就不给他治病。"

一次，扁鹊来到秦国。秦王正巧身体不舒服，于是召见扁鹊进宫看病。

扁鹊仔细询问秦王的病症，认真观察他的舌苔，又摸了摸他的脉搏，随后对他说："大王，您的病情不是太严重。我现在采用石针针灸疗法为您治病，然后开几服中药，您服用后很快就会好的。"

这时，秦王身边的巫师听了，担心扁鹊治好秦王的病以后，自己就没了好处，于是，巫师暗地里对秦王说："大王，您千万别相信扁鹊的话。您的病只要喝点符水就能痊愈，根本用不着针灸和吃药。"

秦王先前一直相信巫术，于是对扁鹊说："我的巫师说我的病根本不用针灸和吃药。"

扁鹊看到秦王宁肯相信巫术也不相信医术，十分生气。他把手中的石针扔掉，作了个揖，转身离开了秦宫。

扁鹊遇害

扁鹊多年来四处行医，救死扶伤，治好不少普通百姓

名医圣手

和王公贵族的疑难杂症,赢得了大家的尊敬与爱戴。但是,扁鹊为人耿直,不给那些横行霸道、心术不正的小人和巫师看病,引起那些人的憎恨。

有一次,扁鹊奉命去给秦武王看病。可是,太医令李醯(xī)和一些大臣赶紧站出来阻拦。原来,李醯等人自知医术不如扁鹊,嫉妒扁鹊的才能。他们害怕扁鹊受到重用,夺了自己的地位和饭碗,于是对秦武王说:"大王,您的病处于耳朵之前,眼睛之下,扁鹊也不一定能治好。万一出了差错,就会让您耳朵聋了,眼睛瞎了。真要是这样,可怎么得了啊!"

秦武王听了竟然也犹豫起来,不知该如何是好。

这时,扁鹊对秦武王说:"大王今天请我来看病,旁边却有一群愚蠢的人在捣乱。假如您就是这样来治理国家的,那您的国家必定会灭亡。"

秦武王听后立即让李醯等人退下,然后让扁鹊来为自己治病。结果,李醯治不好的病很快被扁鹊治好了。

在这场医术的较量中,扁鹊彻底战胜李醯,赢得了秦武王的信任。李醯心怀嫉恨,决定暗下毒手,除掉扁鹊这个心腹之患。他先是暗中命令两个刺客刺杀扁鹊,可这场阴谋被扁鹊的弟子发觉,扁鹊暂时幸运地躲过一劫。谁料,在扁鹊逃离秦国的路上,李醯又派杀手扮成猎户的样子,

半路上劫杀了扁鹊。

后来，人们在扁鹊的家乡修建了一座"药王庙"，专门供奉他。相传，扁鹊出生于农历四月二十八，人们便在每年的这一天举行盛大的纪念仪式，同时，也祈求神医扁鹊保佑人们无病无痛，延年益寿。

主要成就及影响

扁鹊是我国中医学的开山鼻祖。他在总结前人医疗经验的基础上，创造出望、闻、问、切四种诊断疾病的方法，奠定了中医临床诊断和治疗方法的基础。在四诊法中，扁鹊尤其擅长望诊和切诊，他的切脉技术更是名扬天下。

扁鹊一生周游列国，到各地行医，在赵国为"带下医"，即妇科，至周国为"耳目痹医"，即五官科，入秦国则为"小儿医"，即儿科。扁鹊为民解除痛苦，赢得了"神医"的称号。

两千多年来，人们一直深深地怀念着扁鹊。在他曾经行医到过的地方，人们建造了许多庙宇和墓碑。直到今天，人们依然会用"扁鹊再世"这个词来形容医术高明的医生。

知识链接

百会穴

百会穴，又称顶中央穴、三阳五会穴、天满穴、天蒲穴、三阳穴、五会穴、巅上穴，位于人的头顶正中线与两耳尖连线的交会处，在人的最高处，人体各经脉上传的阳气都交会于此，故名百会。"百"是多的意思，"会"是交会。

百会穴是人体督脉经络上的重要穴道之一，是调节人体大脑功能的要穴，能通达阴阳脉络，连贯周身经穴，对于调节机体的阴阳平衡起着重要的作用，是治疗多种疾病的首选穴，医学研究价值很高。

主治疾病：头痛、目眩、鼻塞、耳鸣、中风、高血压、休克等。

姓名 / 淳于意

朝代（时期）/ 西汉

出生地 / 齐国临淄（今山东淄博）

出生时间 / 约公元前 215 年

逝世时间 / 约公元前 140 年

主要成就 / 精通医道，尤其擅长望诊和切脉，写出了现存最早的病史记录《诊籍》

淳于意是西汉著名医学家，他自幼喜爱医学，曾拜公孙光、公乘阳庆等名医为师，医术精湛。他行医多年，不仅发明了许多先进的医疗方法，还编写了我国医学史上第一部医案——《诊籍》，为我国医案记录史作出了创造性贡献。

生于西汉时期，自幼喜欢读书，尤其喜爱医学。

师从名医公孙光、公乘阳庆等人，医术精进。

精通望诊，活学善用，四处行医，名声渐响。

被诬入狱，女儿缇萦千里上书救父，传颂至今。

编写我国医学史上第一部医案——《诊籍》。

了不起的中国历史人物

活学善用

淳于意年少时家境贫寒，但他酷爱读书，尤其喜爱医学。他曾自学医书，替人看病，但治疗效果并不好。后来在机缘巧合下，淳于意认识了有名的医生公孙光，并拜他为师。公孙光见淳于意志向坚定，谦虚好学，非常器重他，并将自己多年积累的医学知识和经验妙方传授给他。

后来，公孙光发现自己已经没有什么可以教给淳于意的了，便将他推荐给公乘阳庆。当时，公乘阳庆已经七十多岁了，是一位德高望重的医学大家。淳于意在公乘阳庆门下深造，刻苦钻研着老师一生收藏的所有秘籍和古方，没过几年，医术就有了很大的提高，名声也越来越大。

淳于意熟读经典医书，有些甚至能倒背如流。但在问诊治病时，他从不生搬硬套，断章取义，而是根据病人的实际情况，活学善用，对症下药。

有一次，齐王身边的一位医师得了重病，服用了自己炼制的五石散，结果病情反而越来越重。最后，他请淳于

意过来替自己诊治。

淳于意仔细地诊完脉后，郑重地对这位医师说："大人，您的病是内热引起的，五石散是药中刚猛之品，服用后会导致小便不畅，加重病情。切记以后不能再服用了。"

这位医师却不以为然，反驳说："神医扁鹊曾说过，'阴石可以治阳病，阳石可以治阴病'。"

淳于意笑了笑，说道："您说的的确有一定的道理，扁鹊确实这样说过。但是，医生问诊治病必须懂得变通，详细观察病人的病情，根据病人的体质、病因等对症下药，这样才能药到病除。您如果一直服用五石散，恐怕日后会引发脓肿，危及生命。"

这位医师不把淳于意的诊断当回事，继续服用五石散，结果不久就全身起脓，不治身亡了。

精通望诊

现今，淳于意的名声远不及扁鹊、张仲景、李时珍等人，但在我国古代医学史上，淳于意绝对算是一流的国医圣手。

张仲景曾在《伤寒杂病论》中写道："上古有神农、黄帝、岐伯；中古有长桑、扁鹊；汉有公乘阳庆、仓公；下此以往，未之闻也。"意思是说，上古有神农、黄帝、岐伯；

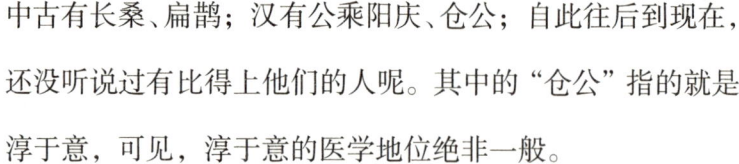

了不起的中国历史人物

中古有长桑、扁鹊；汉有公乘阳庆、仓公；自此往后到现在，还没听说过有比得上他们的人呢。其中的"仓公"指的就是淳于意，可见，淳于意的医学地位绝非一般。

淳于意四处行医，足迹遍及山东。他诊治过的病人，上至皇帝皇后，下至平头百姓。期间发生过许多脍炙人口的故事，至今仍被人们广为流传。

淳于意精通望诊，也就是通过观察病人的面相、气色等诊断病情。约公元前165年秋天，西汉的济北王刘宽把淳于意召来，让他给王府中的丫鬟们检查身体。淳于意让丫鬟们排成长队，依次替她们诊断。结果，大多数丫鬟都非常健康，没有什么奇怪的病症。后来，一个叫竖的丫鬟走进来。淳于意仔细观察了竖的脸色、神情、发丝等，沉思了一会儿，然后对济北王说："这个丫鬟体内有疾病，不可以过度劳累，否则将会吐血而死。"

济北王听了感到很惊讶，因为他见竖脸色红润，精神饱满，根本没有生病的样子。淳于意走后，济北王并没有把他的话放在心上，还戏谑地说："看来这位名医的水平也就那样嘛！"

第二年春天的一个晚上，济北王起身上茅房，让竖捧着一把剑在外面等候。那天，济北王的肚子不舒服，他在茅房里待了很久。出来后，他竟然发现竖倒在地上，吐血

而亡。这时，济北王才想起淳于意之前说过的话，不禁感叹："真不愧是名医啊！"

还有一次，齐国的中郎将不知得了什么病，整天胸口憋闷，呼吸不畅。后来，他派人把淳于意请来。淳于意仔细地观察了中郎将的耳目面色，断言说："大人，您是由于骑马速度过快，伤及了肺部，只有赶紧服用几种极罕见、极贵重的药材，才能治愈；若不及时治疗，恐怕十日后您就会尿血而亡。"

中郎将听了非常生气，以为淳于意是在危言耸听，借此讹诈钱财。他指着淳于意说："我只是胸闷气短，哪有你说得那么严重。你的话听起来倒像是街上卖狗皮膏药的郎中所言。"中郎将一边说着，一边让人把淳于意"请"出了府。

然而，十天后，中郎将浑身疼痛难忍，最后果真尿血而亡。

从此以后，人们纷纷赞叹，淳于意医术精湛，能通过望诊预先判断人的生死。因此，淳于意的名声越来越大。

缇萦救父

淳于意名声大噪后，找他看病的王侯贵族越来越多，

他也因此得罪了小人，下了大狱，被判处肉刑，将要押解到都城长安受刑。

淳于意有五个女儿，却没有一个儿子。当他得知自己要被押送到长安接受肉刑时，不免感到凄凉，叹息着对夫人说："咱们生了五个女儿，没有一个能派上用场。如今我要被押往长安，要是有个儿子，还能照顾我最后一程。"

这时，最小的女儿缇萦听到父亲的哀叹，非常伤心。她决定挺身而出，一路跟随父亲照顾他到达长安。就这样，年仅十四五岁的缇萦不畏长途跋涉，悉心照顾父亲，最后来到长安。

到达长安后，缇萦心想："我不能让父亲就这样遭人诬陷，白白死掉。我必须想办法上书汉文帝，陈清事实，挽救父亲。"后来，缇萦经过多方打听，知道汉文帝不久要外出打猎。她抓住这个千载难逢的机会，在汉文帝出行的路上递上状纸："妾愿意入宫当奴婢，以此替父赎罪，使得自新。"

汉文帝见到拦驾的是一位泪流满面的女子，心头顿生怜悯。他立刻吩咐侍从接过缇萦手中的状书，并询问事情的来龙去脉。

汉文帝听完缇萦的叙述，亲自调查了这起案件，当得知淳于意是遭人陷害后，就立即下令释放淳于意。汉文帝

名医圣手

不仅被缇萦救父的言行感动,同时还在缇萦的建议下,颁布诏书废除了残酷的肉刑。这次刑罚制度的改革标志着我国古代刑罚制度开始从野蛮时期向文明时期过渡,为隋唐封建制五刑的定型奠定了基础。

淳于意被赦免后,和女儿缇萦一起叩谢了汉文帝,并欢天喜地地回到临淄。从此,淳于意痛改以前的倨傲作风,专心济世救人,视病人为亲人,赢得世人赞誉。而且,缇萦救父的故事一直被传颂至今。

第一部病历

现在看来,医生记录病历是医疗过程中一个最寻常的步骤,也是检验一名合格医生的基本要求。但是,在两千多年前,哪有记录病历这回事,说起来,我国医学史上第一部病历合集的问世还要归功于淳于意呢。

原来,淳于意被诬陷获罪后,女儿缇萦上书汉文帝替父求情。汉文帝为了查明真相,召见淳于意,并问道:"我听说你是一位名医,靠治病救人为生,而且医术高超。那你的病人都是哪里人?有什么病症?问诊之后,断为何病?施药之后,病情又如何?你能不能举几个例子?"

汉文帝本想以此查证淳于意是否真的如那些王侯大臣

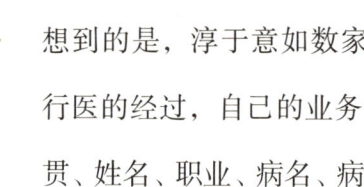

所说，缺乏医者仁心，"不为人治病，病家多怨之者"。没想到的是，淳于意如数家珍一般详细地叙述出自己学医、行医的经过，自己的业务专长，以及曾经治好的患者的籍贯、姓名、职业、病名、病症、病因、诊断、治疗、疗效等。

淳于意娓娓道来："齐王二儿子曾经得了重病，召我去切脉诊治。我发现病人全身发热，脉象浊重急躁，体内热气上行冲击心脏。脉象学理论说：脉达于手指时壮盛迅速，离开指下时艰涩而前后不一，病在心脏。于是我诊断说，病人得了气膈病。这种病的病症是心情烦闷、食欲不振，并伴有胃液、呕吐等症。病因是内心忧郁、常常厌食。我当即调制下气汤给病人服用，只一天病人就膈气下消；又过了两天，病人就能吃东西；三天后病人就痊愈了。

"齐王太后有一次得了重病，召我去诊脉。病人说自己大小便困难，并且尿色赤红。在替病人切脉时，我发现病人的脉象粗大躁动，是受风的脉气，这说明病人的膀胱有问题，因而中焦有热，尿色赤红。脉象学理论说：脉象用力切脉时大而坚实有力，轻轻切脉时大而紧张有力，是肾脏有病。于是，我立即调制火剂汤给她喝下，吃一剂就能大小便了；吃两剂，病就退去，尿色也和从前一样了。

"阳虚侯的宰相赵章生病后，召我去诊治。当时，许多医生都说他是腹中虚寒。我通过切脉，发现他的脉象很

名医圣手

〔战国〕扁鹊 〔西汉〕淳于意
〔东汉〕张仲景 〔东汉〕华佗
〔唐朝〕孙思邈 〔西晋〕王叔和 〔东晋〕葛洪
〔明朝〕李时珍
〔清朝〕叶天士

'滑',是体内有风气的脉象。于是,我诊断说,病人得了洞风病。洞风的病症是饮食咽下,总又吐出来,食物不能容留在胃中。病症因酗酒而生。脉象学理论说:得洞风病之人,五天就会死去。而赵章过了十天才死。这是因为赵章原本喜爱喝粥,因此胃中充实,这才使他能熬到第十天。我的老师曾经对我说:'胃中能容留消化食物的病人能多坚持几天才死,胃中不能容留消化食物的病人熬不过五天就会死去。'……"

汉文帝听完这些详细的治病经历,非常惊喜。他断定如此心细如发的淳于意一定是位心怀善念的医生,他的罪名肯定是被诬陷的。

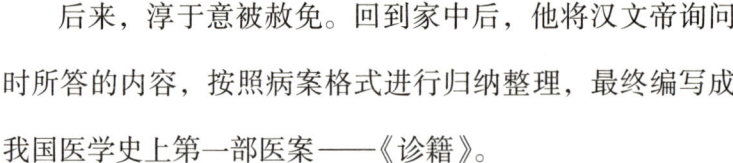

后来，淳于意被赦免。回到家中后，他将汉文帝询问时所答的内容，按照病案格式进行归纳整理，最终编写成我国医学史上第一部医案——《诊籍》。

据记载，《诊籍》中共收录25个典型病例，其中治愈15例，不治10例，涉及现代医学的消化、呼吸、心血管、内分泌、脑血管、传染病、外科、中毒以及妇产科、儿科等。《诊籍》反映了淳于意的医疗学术思想，为我国医案记录史作出了创造性贡献。这部著作在当时无疑是惊世之举。

发明先进疗法

淳于意的医学成就还在于他发明了许多先进的医疗方法，例如物理降温法。

有一次，西汉淄川王刘贤病了，请淳于意前去诊治。淳于意耐心地询问说："大王，您的身体有何不适？"

淄川王病恹恹地回答说："前几日，我洗沐之后，没等头发变干就去睡觉了，结果受了风寒，现在全身发热，而且头疼、脚疼，整个人烦躁不安。"

淳于意替淄川王把了把脉，发现他的手确实很热，随即确诊为风寒，相当于今天的感冒。此时正值寒冬，淳于意让人从外面取了些冰块，裹上棉布后，敷在淄川王的额

头帮助降温，并针刺陷谷、丰隆等穴位，以散发体热。没过多久，淄川王的病就好了。

用冰块或湿毛巾敷额头，或用湿毛巾擦拭全身，是现代人治疗感冒发烧、散热排汗时常用的降温方法，被称为物理降温法。淳于意在两千多年前就通晓这一方法，并且成功运用于病人身上，取得了很好的疗效，真可谓一项开拓性的壮举。

淳于意一生在医学方面取得了斐然成就，同时他还将毕生所学和医疗经验毫无保留地传授给自己的徒弟，为后世培养了许多名医，例如宋邑、高期、王禹、冯信、唐安等。不仅如此，淳于意心胸开阔，从不把手中的秘方当成祖传私密，而是公之于众，向天下百姓传授治病、养生、保健的秘诀。

主要成就及影响

淳于意的医学成就十分卓著。他成功治愈了许多疑难杂症，并且注意详细记录病案，最终完成了我国医学史上第一部病历合集《诊籍》。这部著作真实记录了25例典型医案，并且实事求是地记录了治疗效果，为后世的医学研究提供了真实、确切的一手资料。同时，淳于意还是一位

热心传播医学的教育家。他广收弟子，精心传授，培养出众多优秀的医师。淳于意开创的物理降温法、针灸技术等，也在实际医疗应用中取得了良好的效果。

/知识链接

物理降温法

对于发热患者而言，除药物治疗外，物理降温法是最简易、有效、安全的降温方法。

湿敷能够帮助降低体温。热的湿敷可退烧，但是当病人的体温上升到39.4℃以上时，应以冷敷处理，以免体温继续升高。

一般的方法是在额头、手腕、小腿上各放一块湿冷毛巾，其他部位以衣物盖住，以体温蒸发水分，达到散热降温的效果。当湿毛巾的温度达到体温时，应及时更换，如此反复，直到烧退为止。以湿冷毛巾擦拭全身，或擦拭一些温度较高的部位，如腋窝等，也有不错的降温效果。

此外，当你感到热时，你的身体会流汗散热，但如果你流失了太多水分，例如当你发高烧时，你的身体就会关闭汗腺，以阻止进一步的水分流失。但这样一来，你就更难对付发烧了，这时的解决之道就是补充液体，如多喝白开水、果蔬汁等。

华佗

姓名 / 华佗

朝代（时期）/ 东汉

出生地 / 沛国谯县（今安徽亳州）

出生时间 / 约公元 145 年

逝世时间 / 公元 208 年

主要成就 / 最早发明了具有麻醉效果的麻沸散，并创编了强身保健的"五禽戏"

华佗是东汉末年三国时期著名的医学家，是我国乃至世界上第一位使用麻醉药的医学家。他创编的"五禽戏"具有强身健体、延年益寿的功效，一直流传至今。他精通内科、外科、儿科等，尤其擅长外科手术，被后人称为"外科鼻祖"。

壹 生于东汉乱世，弃文从医，四处救治百姓。

贰 不断实验，发明麻沸散。

叁 创编五禽戏，提倡养生之道。

肆 一生行医救人，留下无数佳话。

伍 得罪曹操，冤死狱中。

发明麻沸散

华佗出生于东汉末年，当时正是战乱频发、动荡不安的年代。他看到地方官僚互相勾结，争夺地盘，百姓们流离失所，民不聊生，于是决心放弃仕途，转而刻苦钻研医学，四处行医救人。

当时，有很多士兵在战争中受伤。伤势轻的，只要让华佗医治，都能药到病除。但遇到伤势重的，华佗也无能为力，只能眼睁睁地看着他们死去。有时候，为了挽救这些士兵的性命，华佗会冒险为他们进行外科手术。在手术过程中，士兵们常常因为疼痛而大声哭喊。最惋惜的是，有些士兵伤势过重而又忍受不了手术的疼痛，当场就死去了。华佗心想，要是能让士兵在手术中感觉不到疼痛，那手术成功的概率就高多了。

有一次，华佗遇到一个喝醉酒的病人。这个人不小心摔倒在门槛上，把头磕破了，满脸是血。华佗赶紧拿来棉布替他擦干了血，再用针线缝合伤口。奇怪的是，在缝针过程中，这个醉酒的病人好像并没有感觉到疼痛。

名医圣手

第二天,这个醉酒的病人清醒过来,感觉到头疼得厉害,于是急忙去找华佗问:"先生,我的头好疼啊!您快救救我吧!"

华佗笑着说:"昨天我给你缝伤口的时候,你可是一声没吭啊。"

这个病人摸着头想了想,非常不解地说:"是啊,昨天我确实没觉出疼啊!真奇怪!"

正是这句话启发了华佗,会不会是喝醉酒的人根本感觉不到疼痛呢?既然喝醉酒的人感觉不到疼痛,那么,把

【战国】扁鹊 【西汉】淳于意 【东汉】华佗
【东汉】张仲景 【西晋】王叔和 【东晋】葛洪
【唐朝】孙思邈 【明朝】李时珍 【清朝】叶天士

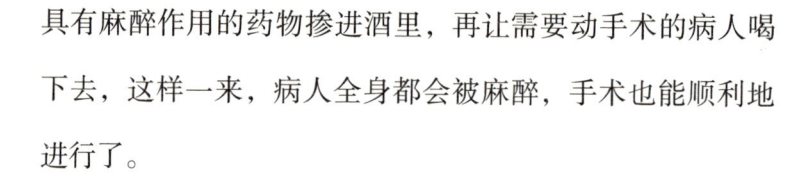

具有麻醉作用的药物掺进酒里,再让需要动手术的病人喝下去,这样一来,病人全身都会被麻醉,手术也能顺利地进行了。

后来,经过不断实验,华佗终于用一些中草药配成了具有麻醉作用的"麻沸散",并运用到手术中,有效地提升了手术成功的概率,挽救了许多在战争中受重伤的病人。

华佗发明的麻沸散是世界上最早的麻醉药,比西医所用的麻醉药早了一千六百多年。

创编五禽戏

华佗不仅精于医术,还特别提倡养生之道。华佗的徒弟吴普曾向老师请教说:"人怎样才能健康长寿呢?"

华佗回答道:"人应该多活动筋骨,经常锻炼身体,只要不至于筋疲力尽就行。锻炼身体能让人体内的食物更好地消化,血液流通顺畅,精气十足,这样就不容易生病。就像木头做的门轴,经常被推来推去,不停地活动,所以既不生虫子也不腐朽。人也是一样的。从古到今,但凡长寿的人都十分注意活动筋骨,锻炼身体。"

吴普想到老师经常在闲暇时锻炼身体,而且动作舒展、连贯,于是继续问道:"我看您经常做一种操,动作就像飞

禽走兽一般，这其中有什么秘诀吗？"

华佗笑了笑，说道："那是我自己创编的一套体操，叫作五禽戏。五禽是指虎、鹿、熊、猿、鸟。我按照这五种鸟兽的姿态动作，编创了一套模仿它们的健身操。五禽戏能使全身的肌肉和关节都得到舒展，医疗保健效果十分明显。有时候，我感到身体不舒服，就做一套五禽戏，出点汗，身体就会轻快许多。"

吴普听完，也想跟着华佗一起练习五禽戏。华佗欣然答应。

之后，华佗每天都会向吴普传授一些五禽戏中的动作要领。他有时像猛虎一样用力扑打，有时像雄鹿一样伸头转颈，有时像棕熊一样伏倒站起，有时像猿猴一样机灵跳跃，有时像鸟儿一样展翅飞翔。

吴普认真地学习每一个动作要领，没多久就完全掌握了。从那以后，他每天都坚持练习五禽戏，一直活到了九十多岁，而且耳不聋，眼不花，成了长寿老人。

五禽戏作为一种动静结合、内外兼修、刚柔并济的养生功法，至今仍被人们广泛练习应用。同时，现代医学研究也证明，五禽戏这种医疗体操确实能使人体的肌肉和关节得到舒展，有益于改善心肺功能，提高身体素质。

妙手神医

华佗医术高明，妙手仁心，成功治愈了许多病人，并流传下许多佳话，至今仍被世人传颂。

巧用心理疗法

有一次，一个太守得了一种怪病。他整天寝食难安，请了不少医生医治，吃了不少中药，可是病情依然不见好转。

于是，太守命令守卫在城门口贴出告示：谁要是能治好太守的病，重重有赏。

华佗路过此地时听说了此事，前去给太守治病。把完脉、看完舌苔之后，华佗对太守说："大人，您的病非常严重。我必须留在府中，每天给您看病。"太守一听，忙像对待贵宾一样，热情地招待华佗。华佗也兢兢业业，每天都来给太守看病，看完便张口要钱，而且一次比一次要得多。可是太守的病还是没有好转。

有一天，仆人慌慌张张地拿着一张纸条跑进来，对太守说："大人，不好了，华佗带着钱跑了，只留下了这封信。"

"什么？信上说什么？"太守生气地坐起来，大声喊道。

仆人结结巴巴地念着信，信上面全是痛骂太守的话。太守气得火冒三丈，竟然从床上跳下来，还下令要把华佗追回来杀了。

太守的儿子知道了此事，急忙过来劝阻说："这人治不好病，跑了就算了，何必要杀他呢？而且他早就跑了，现在根本追不上。"这下太守更恼火了，他气得咳嗽不止，还大口大口地吐黑血，把家里人都吓坏了。

可奇怪的是，吐完血之后，太守突然感到饿了。吃完晚饭后，太守还安安稳稳地睡着了，就跟没生病一样。

第二天，华佗派人来看望太守。经过仔细询问，太守才知道，原来华佗在诊断之初就知道太守的病是由体内淤血引起的，必须想办法激怒他，让他把淤血吐出来，这样才能彻底治好。于是，华佗才想到这个计策，故意激怒太守。

华佗不用针不用药，只用心理疗法就巧妙地治好了病人的病，大家都说华佗不愧为神医。

料事如神

广陵太守陈登一向身体健壮，从没生过病。可是有一天，他突然感到胸口憋闷，浑身难受。家人做了他最爱吃的饭菜，他也吃不下。这可急坏了家人，他们赶紧去请

华佗。

华佗来到陈登床前,见他面色发红,眼神无光,随后替他把了把脉。华佗问陈登:"大人平时是不是爱吃活鱼、活虾?"陈登有气无力地点点头。

华佗接着说:"大人的病就在胃里。因为胃里面长了虫子,所以大人会感觉胸闷,还吃不下饭。"

随后,华佗从药箱中取出几味中药,让人熬好后端给陈登。陈登喝了第一碗汤药后,仍然感觉浑身不舒服。这时,家人有些沉不住气了,小声议论说:"难道大人的病没救了,怎么喝了药还不见好呢?"

华佗不急不慢地安慰他们说:"不急,等喝了第二服药才能见效呢。"

果然,陈登喝了第二碗汤药后,感到胃里十分难受,大口大口地吐起来,呕吐物中全是生鱼生虾。吐完之后,陈登感觉舒服多了。他立即派人拿来大把银两酬谢华佗。华佗谢绝说:"大人的病现在是治好了。可是三年之后,您的病一定会再犯。那时候,只有医术高明的医生才能医治。"

三年过后,陈登的病果然复发。可是,这次华佗不在广陵。陈登经其他医生医治无效后,最终病故。

从此以后,广陵人纷纷传说这件事,称华佗料事如神。

二请华佗

曾经有一个姓李的将军请华佗给自己的妻子看病。李将军对华佗说:"我的夫人前些日子生了一个孩子,之后一直生病,肚子和腰背疼痛,连饭也吃不下去。请您给治一治吧。"

华佗来到病人面前,仔细地替她把了脉,看了舌苔。然后,他把将军叫到门外对他说道:"夫人之所以一直病着,是因为肚子里还残留着一胎。"

将军听了一头雾水,有些生气地说:"夫人已经生过孩子了,不可能再有一胎了。"华佗却坚持说:"从脉象上看,

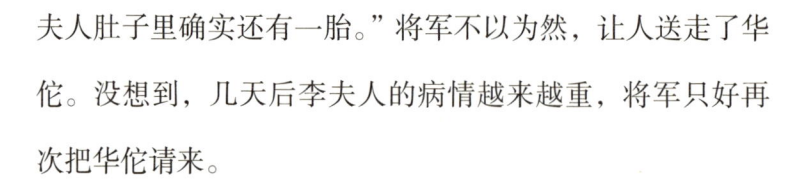

夫人肚子里确实还有一胎。"将军不以为然，让人送走了华佗。没想到，几天后李夫人的病情越来越重，将军只好再次把华佗请来。

华佗还是跟上一次一样，先诊脉，再看舌苔，然后对将军说："脉象跟上次一样。想必是夫人之前怀了两胎，结果只生下一胎，而另一胎死在了肚子里，所以才会腰酸背痛。"

将军这次不敢不信。他同意让华佗给李夫人医治。华佗从药包中取出银针，在李夫人的腿部、手部、头部分别扎了一针，然后再取出几味中药让人熬好，端给李夫人喝下。

服药后不久，李夫人果然产下一胎死婴。将军见了连声夸赞说："真是妙手神医啊！"

悲惨结局

华佗一生行医救人，行善无数，但是他最终的结局并不好。这还要从他给一代枭雄曹操医治头风病说起。

原来，曹操早年得了头风病，每次发作时都疼痛难忍。中年以后，曹操的头风病更厉害了，发病时疼得死去活来。

为了根治这个病，曹操请了许多名医医治，可是疗效

名医圣手

甚微。后来,他听说神医华佗医术精湛,于是赶快派人去请华佗。

华佗到的时候,曹操的头风病正在发作。他疼得满头大汗,低声呻吟。华佗立即拿出一根银针,在曹操头部的穴位上扎了一针。没一会儿工夫,曹操就感觉神清目明,头也不疼了。

曹操很满意,就让华佗以后住在自己的府中,给自己治病。

过了一段时间,曹操的病情逐渐好转,于是华佗向曹操请辞。可曹操担心头风病会再次发作,不准许华佗离开。

华佗急忙解释:"您的病是痼疾,不是短期内就能根除的,需要长期治疗,逐步缓解。等您再犯病时,过去找我就行。我这样一直住在府上也不方便。"曹操听了却依然执意不让他离开。

几天后,华佗找了个借口,说家中妻子生病,要赶紧回去照顾,曹操这才同意让他回家探望。

华佗走后,曹操日夜盼望他能回来,总是写信催促。可华佗不想只为曹操一人看病,总是找借口推脱。曹操左等右等,还是不见华佗回来,最终失去耐性。他派士兵去华佗的家乡查看,临行前还嘱托士兵说:"你们这次去带上些粮食。如果华佗没有说谎,就把这些粮食赏给他;如果

他说了谎,就把他抓回来。"

　　士兵来到华佗家,发现他的妻子好好的,没有生病,就立即将他绑缚并抓了回来。当得知华佗妻子根本没病,华佗躲在家中就是不想给自己看病时,曹操非常愤怒。他不顾华佗的救命之恩,把华佗关进了大牢,还下令要处死他。

　　此时有个叫荀彧的大臣听说此事后,特地跑来替华佗求情说:"华佗医术高明,是难得的人才。万万不可轻易将他处死啊!"曹操却什么都听不进去,坚持要处死华佗。

名医圣手

大牢中的守卫知道华佗将死,悄悄地为他准备了好酒好菜,趁着夜深人静的时候,端给他吃。华佗见到守卫对自己这么好,感觉很奇怪。他问守卫:"你怎么对我这么好?"守卫不想华佗死得不明不白,于是把真相告诉了他。

华佗听了神情黯淡,然后低着头从怀里掏出一本书,心情沉重地说:"你对我这么好,我却没有什么可以报答的。现在,我就把随身携带的这部医书送给你,希望你能好好保存。这是我根据多年来的行医经验写成的,将来你可以靠它治病救人。"

谁料,这个守卫生性胆小。他担心留着这本书会被曹操知道,惹来祸端,说什么也不肯保管此书。华佗十分无奈,只得让守卫拿来蜡烛,在大牢中把自己最宝贵的医书烧成灰烬。他一边烧,一边伤心地流眼泪。不久,华佗就被曹操处死了。

后来,曹操的头风病经常复发,一直没能治好。但曹操不肯承认自己错杀了华佗,坚持说:"华佗有意不肯为我看病,即使我不杀他,他也不见得能治好我的病。"直到曹操的小儿子仓舒(即曹冲)因病身亡后,曹操才懊悔万分地说:"要是华佗还活着就好了。"

主要成就及影响

　　华佗是我国的千古名医，行医经验丰富，治疗手段多样，精通内、外、妇、儿各科，尤其擅长外科手术。《三国志》等著作中这样描述华佗：临证施治，诊断精确，用药精当，针灸简捷，手术神奇，被誉为"神医"。他最早发明了具有麻醉功效的麻沸散，开创了世界麻醉药物的先例，大大提高了外科手术的成功概率。他还通晓养生之术，自创了具有保健功效的"五禽戏"，至今仍在民间广泛流传。只可惜，华佗亲手编著的医书巨著不幸被毁，千古神医的宝贵经验没能被后世分享。

/知识链接

麻沸散

传说是华佗创制的用于外科手术的麻醉药。《后汉书·华佗传》载:"若疾发结于内,针药所不能及者,乃令先以酒服麻沸散,既醉无所觉,因刳破腹背,抽割积聚。"

麻沸散的处方早已失传,但坊间有两种说法,一种说法是用曼陀罗花一斤、生草乌、香白芷、当归、川芎各四钱,天南星一钱,共六味药制成;另一种说法是用羊踯躅三钱、茉莉花根一钱、当归一两、菖蒲三分,共四味药制成。但据后人考证,这些都不是华佗的原始处方。

张仲景

姓名 / 张仲景

朝代（时期）/ 东汉

出生地 / 南阳郡

出生时间 / 约公元 150 年

逝世时间 / 约公元 215 年

主要成就 / 总结了汉朝以前民间的医疗经验，编著了医学著作《伤寒杂病论》，被后人尊称为"医圣"

张仲景是我国伟大的临床医学家，他才思过人，善思好学，年纪轻轻便可坐堂行医，为四方百姓治病。他广泛收集民间药方，并将个人临床经验进行总结，精心编撰了传世中医学著作《伤寒杂病论》。

壹 生于东汉末年，立志学医，救治苦难百姓。

贰 师从张伯祖，刻苦钻研，青出于蓝。

叁 担任长沙太守，定期开衙门为百姓治病。

肆 辞去官职，潜心研究医学，编著《伤寒杂病论》。

伍 制成"祛寒娇耳汤"，即饺子。

坐堂行医

张仲景出生于东汉末年，当时社会动荡不安，农民起义此起彼伏。人民常年遭受战乱之苦，而且赶上疫病流行，很多人都因得不到及时救治而惨死。生灵涂炭，尸横遍野，官府却没有作为，只顾争权夺势，牟取私利。因此，张仲景从小就厌恶官场，不愿走上仕途。

张仲景十几岁开始学医，立志用医术救治水深火热中的人民。后来，他拜医学家张伯祖为师，学习医术。张伯祖行医严谨，医德高尚，他刻苦钻研医学，不仅练就了高超的医术，给病人看病时基本上都能药到病除，而且给予了病人无微不至的关怀，因此深受百姓爱戴。

张仲景时刻以老师为榜样，认真观察老师看病时如何检查病人、开方抓药，还经常跟着老师上山采药，回家炮制。张仲景不怕苦，不怕累，而且机智聪明，善学善用，深得老师的喜欢。短短几年的时间，张伯祖就把自己毕生所学都传授给了张仲景。张仲景学有所成，成为一名"其识用精微过其师"的医生。

汉灵帝时期，张仲景承袭家门，被州郡举为孝廉，进

入官场。随后，张仲景被朝廷任命为长沙太守。那个年代，做官的不能随便出入民宅，不得随意接近百姓，这就意味着张仲景不能再行医看病了。一身医术没了用武之地，不能有所长进，这可急坏了张仲景。

后来，张仲景思来想去，终于想到了一个好办法。他叫来一个衙役，贴出一张告示。告示上写道：本郡太守择定每月初一和十五两天，大开衙门，不问政事，为百姓接诊治病。百姓们看到这张告示后纷纷拍手称快，对张仲景更是赞不绝口。

过了几天，恰逢农历十五。当天，张仲景果真端端正正地坐在大堂上，耐心地为前来看病的百姓逐个进行诊治。

时间久了，每逢初一或十五，张仲景的衙门外就聚集了众多病人，有些甚至还带着行李远道而来。

后来，人们就把坐在药铺里给人看病的医生统称为"坐堂医生"，以此来纪念张仲景。

对症下药

张仲景看到百姓对他如此信任，于是在医术上更加精益求精，不断钻研探索。他常常虚心请教同行，有时甚至不惧路途遥远，四处拜师取经，搜集民间药方。

了不起的中国历史人物

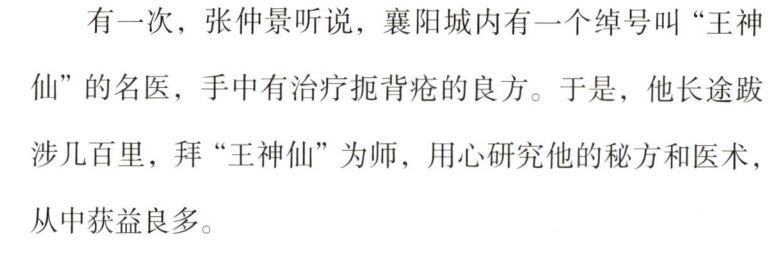

有一次，张仲景听说，襄阳城内有一个绰号叫"王神仙"的名医，手中有治疗扼背疮的良方。于是，他长途跋涉几百里，拜"王神仙"为师，用心研究他的秘方和医术，从中获益良多。

还有一次，张仲景听说南阳有个名医叫沈槐，已经七十多岁了，但是没有子女。在当时，医生的医术一般只传给自己的后人，并不外传。沈槐虽然医术精湛，却后继无人。因此，他每天吃不下饭，睡不好觉，惆怅不安。时间久了，竟然积虑成疾。好多医生都给沈槐看过病，但是都不见好。

沈槐的病情越来越重。张仲景听说此事后，来到了沈槐家中。他认真地替沈槐检查身体，询问病情，最终确诊是长时间忧虑成病。

张仲景随即开了一个药方，写道：用五谷杂粮面各一斤，做成药丸状，然后再涂上朱砂，让病人在一日三餐时服用。

沈槐看了看药方，心里忍不住发笑。后来，他让家人把做好的五谷杂粮药丸挂在屋檐下，逢人就指着药丸戏谑一番。亲戚来看他时，他笑着说："你看！这就是张仲景给我开的药方！谁见过用五谷杂粮治病的医生！笑话！笑话！"

朋友来看他时，他笑着说："你看！这就是张仲景给我开的药方！真好笑，谁能一顿饭吃五斤粮食！滑稽！滑稽！"

同行们来看他时，他笑着说："你看，这就是张仲景给我开的药方！真好笑，谁治病开过这样的方子！嘻嘻！嘻嘻！"

沈槐把这件事当成乐子，之前的忧虑也都抛到了脑后，不知不觉病就好了。这时，张仲景再次来拜访，笑着说："恭喜沈先生，您的心病已经好了！"沈槐听完才恍然大悟，对张仲景既佩服又惭愧。

张仲景接着说："沈先生，我们当医生的就是为了给百姓治病，祛除疾病痛苦。既然您没有子女，为何不把一身的医术传授给我们这些年轻医生，这不是造福后人吗？"

沈槐听了之后，觉得很有道理。从此以后，他一心一意地把自己的医术全部传授给张仲景和其他年轻医生，再也没有为后继无人而忧虑过。

同病不同治

有一年冬天，张仲景遇到两个病人。他们都得了感冒，而且都有头疼、发烧、咳嗽、浑身酸疼的病症。经过询问，

张仲景得知这两人一起合伙做买卖，后来同路回家时淋了雨，受了风寒。

张仲景看这两个人病症相同，脉象也十分相近，于是开了同样的药方，并叮嘱说："你们抓了药，趁热喝下汤药，然后赶紧盖上被子，出些汗就好了。"

第二天，张仲景来到其中一个病人的家里，只见那人正生龙活虎地收拾担子，准备出去继续做买卖。

张仲景关心地问:"你的病都好了吗?还难受吗?"

那人回答说:"先生,我的病都好了。昨天吃了您开的药,睡了一大觉,出了好多汗。现在,身体舒服多了。"

张仲景满意地离去,然后又来到另一个病人的家里。可刚进门,病人的妻子就说:"先生,您来得太巧了,我正打算去请您呢。昨天晚上,我丈夫浑身难受,一夜都没睡着。"

"是吗?怎么会这样?"张仲景十分诧异地问。他赶紧上前再次替病人诊脉,果然脉象和昨天差不多,没有好转。

"你昨天喝完汤药,身体出汗了吗?"张仲景继续问道。

"先生,我昨天身上本来就有汗,昨晚吃了药又出了一身汗,现在头疼得厉害!"

这句话一下子提醒了张仲景,他回想起昨天诊脉时,这两个人的脉象略有不同,而且一个病人手上有汗,另一个手上没有汗。难道正是这点细微的差别使得两个病人对药效的反应不同吗?张仲景左思右想,然后慎重地修改了药方。这次,第二个病人也很快恢复了健康。

经过这件事以后,张仲景明白,同样的病症也许是源于不同的病因,医生必须仔细观察病人之间的病症差别,采取同病不同治的方法。

同时,张仲景也意识到严谨行医、精益求精的重要性。

从此，他要求徒弟看病时，必须用三根手指分轻、中、重三种手法慢慢地按脉，从而确保诊脉准确无误。同时，还要观察病人的舌苔。遇到拉肚子的病人还要仔细摸肚子，询问大便颜色、次数、有无血色等。只有弄清楚病因，才能对症下药，开方诊治。

撰写医书

张仲景生活的东汉末年，是中国历史上一个极为动荡的时代。俗话说，"大兵之后，必有灾年"。据史书记载，东汉桓帝时大的瘟疫发生过三次，灵帝时发生过五次，献帝建安年间疫病流行更甚。成千累万的人死于流行性感冒、脑膜炎、伤寒、痢疾、天花等传染病，一些城镇甚至变成了空城。

这次瘟疫大流行，前后闹了好几年，使很多人失去了生命，其中死于伤寒病的人最多。如张仲景的家族，原来有二百余人，自从建安初年以来，不到十年的时间就有三分之二的人去世，其中因伤寒去世的人占了百分之七十。

张仲景虽然医术高超，对肆虐的伤寒病及瘟疫却束手无策。他每天目睹病人们悲惨地死去，心中感到万分悲凉。他痛恨统治者腐败无能，将百姓推入水深火热之中。这时，

名医圣手

甚至有些庸医趁火打劫，打着治病救人的幌子赚昧心钱。他们从不认真地给病人诊脉，"按寸不及尺，握手不及足"，之后随便开方抓药。还有些医生不思进取，因循守旧，整日竞相追逐名利权势，不精心研究医术，忘记了自己的本分。张仲景对这些人非常气愤，严加斥责，却无力改变现状。

后来，张仲景痛下决心，决定辞去官职，专心研究医术，根治伤寒病。从此，他一面用心研读医药古书，一面搜集各类民间药方，并结合前人及自己的临床诊断经验，潜心研究治疗伤寒杂病的方法，立志一定要制服伤寒症这个瘟神。

张仲景曾经仔细研读过《素问》《灵枢》《阴阳大论》《胎胪药录》等古代著名的医书。其中，《素问》中所说的"夫热病者，皆伤寒之类也"对他的影响是最大的。后来，张仲景在多年行医实践的基础上，进一步明确阐释了这个理论。他认为，伤寒是一切热病的总称，也就是一切因外感发热而引起的疾病，都可以称为"伤寒"。

除了勤学古书，张仲景还注意博采众长，广泛收集民间的治病良方。他用灌热水的方法救活了上吊未死的妇人；用蜂蜜灌肠法替病人导便；用人工呼吸救活了昏厥的病人；用白虎汤治疗脑膜炎；用白头翁汤治疗细菌性痢疾……张

〔战国〕扁鹊 〔西汉〕淳于意 〔东汉〕华佗
〔东汉〕张仲景 〔西晋〕王叔和 〔东晋〕葛洪
〔唐朝〕孙思邈 〔明朝〕李时珍 〔清朝〕叶天士

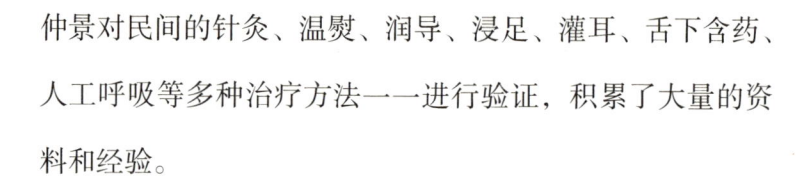

仲景对民间的针灸、温熨、润导、浸足、灌耳、舌下含药、人工呼吸等多种治疗方法一一进行验证，积累了大量的资料和经验。

张仲景还曾多次游历各地，目睹了伤寒疫病的各种流行病症，并逐渐将自己多年对伤寒症的研究付诸实践，进一步丰富了自己对伤寒杂病的诊治经验。这充实和提高了张仲景对伤寒杂病的理性认识。经过几十年的奋斗，张仲景终于掌握了治疗伤寒杂病的诸多方法，并搜集到了大量实用、有效的药方。

为了告诉百姓们如何预防和治疗伤寒及其他疾病，张仲景决心写一部医书。经过孜孜不倦的努力，张仲景终于编著完成一部名为《伤寒杂病论》的不朽之作。这是继《黄帝内经》之后又一部最有影响力的医学典籍。

《伤寒杂病论》

《伤寒杂病论》是汇集秦汉以来众多医药理论的大成之作，也是我国医学史上影响最大的古代医学著作之一。同时，它也是我国第一部临床治疗学方面的巨著，被广泛运用于医疗实践。它确立的"六经辨证"的论治原则，是中医临床的基本原则，可谓中医的灵魂所在。

名医圣手

在本书中，张仲景综合分析疾病的发起、发展过程中表现出的各种病症，详细论述病邪入侵经络和脏腑的深浅程度、患者体质的强弱、正气的盛衰、病势的进退或缓急、有无其他旧病等情况，从而精准地找到发病规律，确定有针对性的治疗原则。

同时，张仲景创造性地将外感热性病表现出的所有症状归纳为六个症候群和八个辨证纲领，以六经来分析归纳疾病在发展过程中的演变和转归，以八纲来辨别疾病的属性、病位、邪正消长和病态表现。

除了"六经辨证"的论治原则，张仲景还提出，对于一些较为复杂或特殊的病症，医生可以更加灵活地运用辨证治疗原则，例如适当地采用"舍脉从证"和"舍证从脉"两种诊断方法。张仲景认为替人诊治看病必须以望、闻、问、切四诊综合为前提，但如果出现脉与证不相符的情况时，就应该以实际病情为依据，认真分析，摒除病理假象，以抓住病情本质，或舍脉从证，或舍证从脉。而对于脉、证取舍的要点，则是从"虚"字着眼，即证实脉虚从脉，证虚脉实从证。这一原则给从医者在处理复杂病情时提供了极为重要的、可供遵循的纲要性条例。

另外，《伤寒杂病论》在处方方面的贡献也十分突出。张仲景在书中提出了以整体观念为指导的治疗理念，主张

调整阴阳，扶正祛邪，还有汗、吐、下、和、温、清、消、补诸法，并在此基础上创立了一系列卓有成效的方剂。宋代，《伤寒杂病论》被整理成《伤寒论》和《金匮要略》两本书。《伤寒论》共收录处方113个，《金匮要略》共收录处方262个，除去重复的，两书实际共收录处方达269个。

这些方剂均有严密而精妙的配比。其变化之妙，疗效

之佳，令人叹服。有些配方至今仍被沿用，在疾病治疗中发挥着巨大作用。例如：治疗乙型脑炎的白虎汤，治疗肺炎的麻黄杏仁石膏甘草汤，治疗急、慢性阑尾炎的大黄牡丹皮汤，治疗胆道蛔虫的乌梅丸，治疗痢疾的白头翁汤，治疗急性黄疸型肝炎的茵陈蒿汤，治疗心律不齐的炙甘草汤，治疗冠心病、心绞痛的瓜蒌薤（xiè）白白酒汤……这些都是临床中常用的良方。

另外，在剂型上，这本书也勇于创新，其种类之多，已大大超过了汉代以前的各种方书，包括汤剂、丸剂、散剂、膏剂、酒剂、洗剂、浴剂、熏剂、滴耳剂、灌鼻剂、吹鼻剂、灌肠剂、阴道栓剂、肛门栓剂等。因此，后世的人们称张仲景的《伤寒杂病论》为"方书之祖"，称该书所列的方剂为"经方"。

《伤寒杂病论》奠定了张仲景在中国中医史上的重要地位，并且随着时间的推移，这部专著的科学价值越来越突显，成为后世从医者人人必读的重要医学典籍。张仲景也因对医学的杰出贡献而被后人尊称为"医圣"。清代医家张志聪说过："不明四书者不可以为儒，不明本论者不可以为医。"

后来该书流传海外，受到国外医学界广泛推崇，成为医家研读的重要典籍。

张仲景与饺子

张仲景辞官回乡时正赶上数九寒天,大雪纷飞,寒风刺骨。看到乡民面黄肌瘦,很多人的耳朵被冻烂,张仲景心里很难受。

回到家中,张仲景虽然每天忙着给上门求医的病人治病,但依然挂念着那些耳朵被冻烂的人。经过反复研制,张仲景终于制成一个御寒保暖的食疗方子,叫作"祛寒娇耳汤"。这种汤的主料是祛寒补气的羊肉和一些药物,煮熟后捞出来切碎,再用面皮包成耳朵的样子,然后下锅用原汤把包好馅料的面皮煮熟。因为面皮的外形像耳朵,功效又是为了防止耳朵冻伤,于是张仲景给它取名叫"娇耳"。

"娇耳汤"既能抵御风寒,又可以补身体,真是一个很好的食疗方子。张仲景让徒弟在南阳东关的一块空地上支起帐篷,架起大锅,并亲自为穷人们制作"娇耳汤"。

张仲景舍药治病那天,正值冬至。穷人们冻得瑟瑟发抖,纷纷排队来领取"娇耳汤"。张仲景让徒弟给每个人端一碗汤,盛两个"娇耳"。人们吃了"娇耳",喝了汤,立刻感觉浑身发暖,两耳生热,耳朵上的冻伤也慢慢好了。

后来,张仲景年迈得了重病,恐怕时日不多。家乡的百姓想在他去世后把他安葬在南阳,但长沙的百姓不同意。

名医圣手

因为张仲景曾经在长沙任职、行医多年,长沙的百姓对他十分爱戴,所以他们想在长沙找一个风水宝地为他安葬。

双方因此争执不下。张仲景听说后,对大家说:"我吃过长沙水,不能忘长沙父老的恩情;我生于南阳地,不能忘家乡故土的养育。我死后,你们就抬着我的棺材从南阳到长沙,若路上灵绳在哪里断了,就把我埋葬在哪里。"

又一年的冬至,张仲景寿终正寝,安详地离开了人世。

人们按照张仲景的嘱托,抬着灵棺向长沙方向走去。当送丧的队伍到达张仲景曾经给大家舍"祛寒娇耳汤"的地方时,灵绳忽然断开。人们便在这里安葬了他,并建成一座庙,即今天的医圣祠。

张仲景去世那天正是冬至,他又曾在冬至为穷人分发"祛寒娇耳汤"。为了纪念这位名医,人们每逢冬至都会包"娇耳",后来被叫作"饺子"。民间至今仍流传着这样一种说法:冬至这天吃了饺子,耳朵就不会被冻坏。

主要成就及影响

"医圣"张仲景将一生奉献给治病救人、研究医术的伟大事业。他广泛收集民间药方,精心编撰了传世中医学著作《伤寒杂病论》。这部著作在方剂学方面取得了重大成

就，为后世的医学发展和进步提供了坚实的基础。同时，《伤寒杂病论》也是我国第一部从理论到实践确立"六经辨证治疗法"的医学专著，受到历代医学家的推崇。至今，这部伟大的著作仍被作为研习中医学的必备经典。

/知识链接

白虎汤

白虎汤最早见于东汉末年张仲景著的《伤寒论》一书,以知母、石膏、炙甘草、粳米四味药制成,是历代中医眼中清热生津、解暑泻火的经典名方。

知母: 别名地参,百合科知母属多年生草本植物,在中国各地都有栽培,抗旱抗寒能力强,即便是在干旱少雨的荒山、荒漠中都能生长,是绿化山区和荒原的首选品种。性寒,味苦,有清热泻火、滋阴润燥之功效。

石膏: 一种含水硫酸钙的矿石。性大寒,味甘、辛,生用具有清热泻火、除烦止渴之功效,煅用具有敛疮生肌、收湿、止血之功效。常用于外感热病、高热烦渴、肺热喘咳、胃火亢盛、头痛、牙痛等病症。

炙甘草: 以豆科甘草属多年生草本植物甘草的根及根茎入药,用蜜烘制而成,炙甘草汤具有益气滋阴、通阳复脉之功效。

粳米: 禾本科植物粳稻的种仁,有补中益气、健脾和胃、除烦渴、止泻痢等功效。

王叔和

姓名／王叔和

朝代（时期）／西晋

出生地／高平（今山东邹城，一说山西高平）

出生时间／公元210年

逝世时间／公元280年

主要成就／擅长脉学，编著了脉学专著《脉经》，编修、整理了张仲景的《伤寒杂病论》，使这部伟大的医学著作得以保存下来

王 叔和是晋代著名的医学家，他吸收了扁鹊、华佗、张仲景等古代医学大家的脉诊理论学说，编撰完成了我国第一部系统的脉学专著《脉经》。期间，他还对张仲景的《伤寒杂病论》进行编修整理，使它得以流传至今。

壹 生于魏晋时期一个医学世家，自幼随父亲学医。

贰 接手药铺，凭借精湛的医术，声名远扬。

叁 遭人诬蔑，不得已开始四处漂泊行医。

肆 在济州城当坐堂医生，将"死人"诊活，轰动一时。

伍 总结行医经验，撰写《脉经》。

坎坷行医路

魏晋时期，高平县有个小村庄叫王寺村，村里住着一户人家，世世代代以开药铺为生。这户人家的主人姓王，后来生了一个儿子叫王叔和。王叔和自幼跟随父亲学医，医术十分精湛，尤其擅长诊脉。

长大成人后，王叔和接手了自家的王记药铺。但由于社会动荡不安，王记药铺的规模大不如以前，王家的家产也少了许多。值得庆幸的是，王叔和凭借妙手回春的医学本领，很快就赢得了乡里乡亲的赞誉和口碑。渐渐地，找他看病的人越来越多，有些甚至背着行李，长途跋涉来向他求治。上至王孙贵族，下到庶民百姓，每日到他门前求医的病人络绎不绝。

后来，民间开始流传这样一句话：北并州南许昌，谁不晓得太行山的王先生。这王先生就是大名鼎鼎的王叔和。

王叔和秉承祖上的高尚医德，对病人一视同仁，倾尽

名医圣手

全力救死扶伤，而且从不贪图回报，恋慕虚荣。因此，他的药铺生意越来越好，行医之路也越来越顺。平日里他除了给人治病，还会在空闲时上山采药，研读古籍，生活可谓悠然自在！

只可惜，这样的平静生活没能一直持续下去。到了魏末晋初，北方地区战乱频发，导致流行病肆虐，老百姓生活苦不堪言，还常常被病痛折磨致死。穷人得了病没钱医治，只能挣扎着去干些零活挣点钱，等到实在熬不住了，才不得不去求医。结果这样一来，就算王叔和这般能耐的医生往往也无力回天。

但王叔和心慈人善，从不忍心拒病人于门外或随意推脱麻烦事。就算希望渺茫，他也会竭尽全力去治好病人。可不料，病人一个接一个地死去。时间长了，有些人就开始怀疑王叔和的医术，甚至说些风凉话："看来，这王先生只会治些小病小疾的，到了关键时候，他就一点儿办法都没了。"

正所谓，"好事不出门，坏事传千里"。慢慢地，越来越多的人对王叔和的医术表示质疑，找他看病的人少了许多，过去门前人头攒动的景象也不见了。王叔和的药铺生意日渐惨淡，迫于无奈，他只能背起药箱，像江湖郎中一样四处行医。

死人诊活

后来，在机缘巧合下，王叔和来到太行山脚下的济州城。他发现城里有一家"济生堂"药店，门口贴着一张纸条，说要招一位医术高超的坐堂医生。

看到这个消息，王叔和高兴极了，立刻走进药店，对店主说："我曾行医多年，医治好了许多疑难杂症，现在愿意到您这里当坐堂医生。"

店主看了一眼王叔和，然后漫不经心地拿出几张药方，说道："这几张药方上有几处错误，你仔细看一看，把不妥的地方给指出来。"

王叔和认真地看完药方，毫无遗漏地指出了其中的错误。店主对他十分佩服，于是同意让他在这里坐堂行医。王叔和虽然是初来乍到，但是他的诊脉精准无误，配药颇具神通。没过多久，他的名号就被济州城的百姓熟知，店主对他也越来越恭敬。

有一天，王叔和正在济生堂给病人看病，这时外面传来哭丧送殡的声音。王叔和一看那口破旧的木棺材，就知道办丧事的是一户贫寒人家。当送丧的人群走过去之后，王叔和突然看见棺材中流出几滴血。他立即悄悄地跟上前去查看，发现这血不是淤血，而是鲜血。

名医圣手

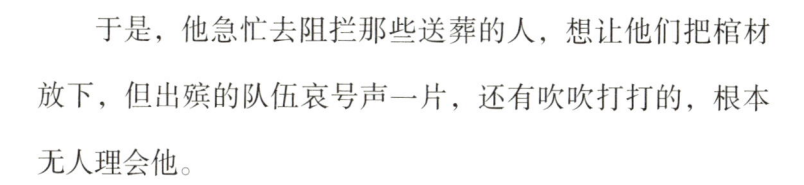

〔战国〕扁鹊 〔西汉〕淳于意 〔东汉〕华佗
〔东汉〕张仲景 〔西晋〕王叔和 〔东晋〕葛洪
〔唐朝〕孙思邈 〔明朝〕李时珍 〔清朝〕叶天士

　　于是，他急忙去阻拦那些送葬的人，想让他们把棺材放下，但出殡的队伍哀号声一片，还有吹吹打打的，根本无人理会他。

　　后来，王叔和大步跑到队伍前面，大声喊道："棺材里的人还没有死，应该还有救。你们现在赶紧打开棺材，让我来看一看。"

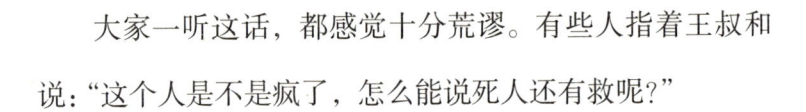

大家一听这话，都感觉十分荒谬。有些人指着王叔和说："这个人是不是疯了，怎么能说死人还有救呢？"

有几个血气方刚的年轻人，以为王叔和是故意来捣乱的，便走上前来要动手打他。这时，一个上了年纪的老人看王叔和面目慈善，急忙阻止住年轻人，并把办丧事的主人叫了过来。这人名叫午逢生，棺材中躺着的正是他的妻子贾氏。贾氏年仅二十八岁，因难产时血崩而死。按照当地的习俗，年轻女子因难产而死，可谓"血光之灾"，为了不殃及家人和邻里，必须立即入殓安葬。

当午逢生听说自己的妻子还有救时，他有些半信半疑。王叔和看出了午逢生的心思，急忙解释说："你看棺材里还有血在往外流，这些血都是鲜血，说明棺材里的人还没有彻底断气。"

午逢生和在场的众人这才有点相信。后来，在征得主人的同意后，众人慢慢打开了棺材。

王叔和低头一看，发现里面躺着的妇人果然还有一丝气息。他赶紧让人把她抬出来，然后对她进行了一番救治。

不一会儿，棺内的妇人轻轻地哼了一声，慢慢地睁开了眼睛。原来，这个妇人是因为难产而出现了假死症状。

王叔和将"死人"诊活的事情很快轰动了济州城。后来，有些见多识广的人又绘声绘色地讲述起王叔和当年

名医圣手

在家乡医运不济时,将生龙活虎的店铺伙计"诊死"的故事……

活人诊死

高平县有一个杂货铺,铺子里有两个年轻力壮的伙计,一个叫大二,一个叫小三。一天,王叔和来店铺中买东西,这两个伙计却在背后议论。大二说:"你看这王先生,恐怕是再也风光不起来了。他先前是个济世救人的活菩萨,如今却变成了要人命的阎王爷。"

小三反驳说:"这话也不对。那些病人本来就已经病入膏肓,怎么能怪到王先生头上?"

大二听了没好气地说:"病人当然是生了重病才去找医生,谁没病没灾的会去找医生!"

小三不服气,继续反驳说:"照你这么说,王先生还成了夺人命的凶手了。今天,我偏要王先生给我把把脉,看我会不会死掉!"

两个伙计越争论火气越大。谁知,这小三还是个犟脾气,和大二拌了嘴,半天心里都不痛快。后来,他带着满肚子怒火吃了顿午饭。巧的是,他刚放下碗筷,就看到王叔和又来买东西。

了不起的中国历史人物

小三心里一急，喊了一声"王先生"，然后纵身翻越柜台，请王叔和给自己诊脉。王叔和认真地诊完脉后叹了口气，说："小兄弟，你得了不治之症，恐怕活不到三个时辰，请赶紧回家准备后事吧。"

旁边的大二听了暗中偷笑，说："让你不相信我说的话。现在真的是大白天遇到阎王爷了！"

这时，小三更生气了，指着王叔和破口大骂道："你在胡说什么？亏你还是名医，我还替你辩解，原来你真的连诊脉都不会。我一向身强力壮，怎么会得病？"

王叔和还没来得及解释，就被赶出了杂货铺。但果不其然，不到三个时辰，那个叫小三的伙计就死掉了。

后来，王叔和向大家解释说："这个小兄弟吃饭太快，又吃得太饱，后来纵身一跳，体内的肠子就断了，内脏也受到损伤。因此，我才断定他活不过三个时辰。"

但街坊四邻根本不相信他的解释，只相信大二的片面之词，说王叔和是夺人命的灾星。这样一来，王叔和难以在家乡立足，才不得已背起药箱，四处漂泊行医去了。

撰写《脉经》

王叔和在多年的行医生涯中积累了丰富的脉学知识，

诊脉的精准性几乎无人能敌。同时,王叔和也发现,脉学在中医领域的重要性不言而喻,却往往被著书立说者忽略,在古代众多的医学典籍中,只有个别书籍是专门研究脉学的。因此,王叔和立志要将自己的脉学知识进行系统的整理与总结,编写一部脉学专著——《脉经》。

作为望、闻、问、切四种基本诊断法之一,切脉的应用在中医治疗过程中占有重要地位,脉象也是中医诊断结果的可靠依据。但是,要深刻地掌握脉学知识,做到活学活用,精准无误,并非一日之功。

王叔和在《脉经》的开篇序言中这样写道:在心易了,指下难明。也就是说把脉学知识熟记于心非常容易,但将它灵活、准确地应用于实践中特别困难。这句话后来也成为众多从医者学习或教授脉学知识时的"警世之言"。因为切脉重在临床实践,而不能纸上谈兵。

《脉经》共计10万多字,分为10卷98篇。在《脉经》中,王叔和总结发展了西晋以前的脉学经验,将人体的脉象分为24种,并详细记录了每种脉象的特点、代表病症等情况。同时,王叔和将这24种脉象与"平脉"作了详细对比,以此帮助行医者更准确地诊断脉象。

在《脉经》中,王叔和还提出了许多具有创新意义的观点。古人诊脉时要诊三部九候,也就是人迎、寸口、趺

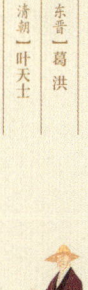

(fū)阳三部以及每部中的三候，患者必须解衣脱袜才行。这使得诊脉过程非常烦琐。后来，王叔和在进行深入研究后，大胆创新，提出了"独取寸口"的寸口诊脉法，医生只需要摸一摸病人手腕处的寸口脉，就可以准确地诊断脉象，知晓病人的身体状况。这样一来，繁杂的诊脉过程得到了很大程度的简化。

"独取寸口"的诊脉方法，是王叔和在中医理论与实践基础上推演出的具有革新意义的结论，也是我国切脉领域的重大改革。几千年来，寸口诊脉法经受住了时间的考验，一直被中医沿用至今，而且屡试不爽。

另外，王叔和在《脉经》中强调，要把脉、症、治三者有机地结合起来，注重患者的年龄、性别、体型等不同因素，防止脱离实际，片面孤立地以脉断症。为了让世人更好地运用《脉经》，王叔和还编写了配套的《脉诀》《脉赋》《脉诀机要》《小儿脉诀》等书。

主要成就及影响

王叔和是魏晋时期杰出的医学家和医书编著者。他善于从实践中总结医疗经验，并将其上升为医学理论。他编著的《脉经》一书，是继《难经》之后的又一部脉学专著。

《脉经》在脉象的分类与对比、切脉方法、诊断治疗等方面都取得了重大突破，是我国中医发展史上极为重要的一部著作。

同时，王叔和重新编修了张仲景的《伤寒杂病论》一书，使古代宝贵的医学文化精髓得以保存并流传下来。他这种承上启下、继往开来的功绩，是值得我们永世铭记的。

此外，王叔和在饮食养生理论方面也取得了一定成就。他最早提出饮食不可过于杂乱，要注意适量，以求得延年益寿。

/知识链接

人中穴

　　人的嘴唇上方正中的凹痕叫作"人中沟"。在人中沟的上三分之一与下三分之二交点处有一穴位，名为"人中"，又名"水沟穴"。

　　人中穴是一急救穴。危急之时，刺激人中穴可醒神开窍、调和阴阳、镇静安神、解痉通脉，在患者出现中暑、中风、昏迷、惊风、晕厥、休克、一氧化碳中毒，以及全身麻醉过程中出现的呼吸停止等情况时，都可选用人中穴作为临床急救首选要穴。

葛洪

姓名 / 葛洪

朝代（时期）/ 东晋

出生地 / 丹阳句容（今江苏句容）

出生时间 / 约公元 281 年

逝世时间 / 公元 341 年

主要成就 / 开创了许多先进的治疗方法和全新的医学领域，编写了《抱朴子》《肘后方》等医学著作，最早记载了天花、恙虫等传染病的症候和疗法

葛洪是东晋时期杰出的炼丹家和医药学家，一生致力于研究医学，开创了许多先进的治疗方法和全新的医学领域，还曾隐居罗浮山中，专心修道炼丹，进行了许多影响深远的化学实验，对古代中医学和化学的发展具有重大的推动作用。

壹 葛玄之侄孙，少时家道中落，以砍柴为生。

贰 师从郑隐，学习医术，潜心研究炼丹术。

叁 流落广州，与鲍姑结为夫妻，同操医术，救死扶伤。

肆 隐居山中，炼丹修道，编写《抱朴子》《肘后方》。

伍 首创了用狂犬的脑浆医治狂犬病的方法。

炼丹世家

约公元281年,葛洪出生于丹阳郡。在此之前,丹阳曾出过一位很有名的炼丹家,这个人就是葛洪的伯祖父葛玄。葛玄是东汉三国时期著名的炼丹家,他曾向东汉末年著名方士左慈学习炼丹和道教学说,后来被人们称作葛仙翁。葛玄去世前,将一生所学的炼丹术传给弟子郑隐,也就是后来葛洪的师傅。

葛洪小时候,父辈曾做过大官,因此家境还算富裕。在十三岁之前,葛洪每天无忧无虑,四处贪玩,从来没有认真读过书。可后来有一天,葛洪正在外面玩耍时,看见哥哥急匆匆地跑过来,对他说:"弟弟,快跟我回家,父亲

名医圣手

有话对你说。"

原来,葛洪的父亲得了重病,知道自己快不行了,想最后嘱托儿子几句话。

葛洪回到家中,伏在父亲的床边,一边伤心地痛哭,一边拉着父亲的手。父亲用微弱的声音对葛洪说:"儿子,你以后要好好读书,不能贪玩,要做个有出息的人,记住……"说完这句话不久,父亲就去世了。葛洪万分悲痛,眼泪不停地往下流。

父亲去世后,葛洪的家境渐渐衰落。葛洪一下子像长大了好几岁,变得懂事多了。他每天不再出去贪玩,而是帮着家里干活。

有一次,葛洪跟着哥哥上山砍柴。休息的时候,他对哥哥说:"哥哥,你来教我写字吧。"

"没有纸笔,回家再说吧。"

"用这个就行啊。"葛洪说着,顺手从柴堆中折了一根小树枝,然后在地上随意画起来。

于是,兄弟二人就用树枝作笔,沙地作纸,认真写起字来。

后来,每天砍柴休息时,葛洪都会学习几个字。渐渐地,他认识的字越来越多,还读了不少书。可是,葛洪从来没有用过纸和笔。有一天,哥哥早早出门多打了几捆柴,

然后用卖柴的钱给葛洪买了纸笔，葛洪高兴极了。晚上，他在油灯下铺平纸，用心地写起字来。此后，葛洪常常用砍柴所得的收入换回纸笔，在深夜空闲时抄书学习。因此乡亲们都称他为"抱朴之士"，他则自称为"抱朴子"。

除了写字，葛洪还十分喜爱读书。他把家里的藏书都读遍了，后来又到处借书阅览。但凡听说谁家里有好书，他都要千方百计地借过来好好读一读。假如真的是好书，他还会将它抄写或熟读背诵下来。

师从郑隐

几年之后，葛洪成长为一名满腹才学的青年。他常常写诗作赋，并念给母亲和兄长评论。

一天，葛洪正在津津有味地朗读自己的诗篇，母亲突然转过头对他说："洪儿，你还记得你父亲去世前对你说的话吗？"

"当然记得。"葛洪回答说。

"那就好。现在你长大了，也学了不少知识。可是，知识是无穷无尽的。你要想有大出息，就应该到外面去，向有大学问的贤人求学。"

葛洪点了点头，第二天就收拾好行囊，来到母亲面前

名医圣手

辞别。母亲再次叮嘱他:"洪儿,你的伯祖父葛玄是一位了不起的炼丹家,人们都叫他葛仙翁。他曾经有一个非常中意的徒弟,叫郑隐,现在就隐居在马迹山中。你这次出门求学,就去投奔他吧。"

葛洪按照母亲所说,经过几天几夜的长途跋涉,忍饥挨饿,终于来到马迹山,见到郑隐。郑隐得知葛洪是自己师父的侄孙,热情地收留了他,但只字未提传授学问这件事。葛洪每天上山砍柴,下地种菜,收拾家务。

一个月后,葛洪终于忍不住了。他来到郑隐面前,问道:"先生,我来到您这里已经一个月了。可为什么您只是让我干活,而不教我学问呢?"

郑隐笑了笑,说道:"求学可不是一件轻松的事情。要是不吃苦耐劳,不刻苦钻研,那什么也学不到。我不知道你以前的个性,怕你吃不下苦,半途而废。现在看来,你确实能吃苦,也是诚心实意来求学的。我答应收你为徒,教你学问。"

从此,葛洪开始跟随郑隐认真地学习医术。郑隐常常带着葛洪深入山林,识别各种草药及其药性、药效。没过多久,葛洪就能开出许多治病的方子。

有一天,郑隐忽然悄悄地对葛洪说:"今天晚上,你一个人到我屋子里来。不要声张,我有重要的事情告诉你。"

了不起的中国历史人物

葛洪听了一整天都心不在焉,一直猜测师父要告诉自己什么事情。好不容易等到午夜,葛洪偷偷地来到师父房间。郑隐见到葛洪,压低声音,说道:"你已经跟随我学习医术几年了,非常有长进。医术可以治病救人,使人延年益寿,但不能使人长生不老。今天,我就教你一种长生不老的方法。"

说着,郑隐从怀里掏出一本书:"这本书是你的伯祖父传给我的,其中记载了炼丹术及制造金银的各种秘方。现在,我把它交给你,你要好好收藏,仔细研读,早日炼出长生不老的仙丹。"

从那以后,葛洪每天都会找一个安静的角落,潜心研

究那本"炼丹秘籍",幻想着有朝一日炼出仙丹,成为长生不老的仙人。

沦落广州

过了几年,葛洪告别师父,打算到其他的地方继续求学。这一次,他想到京城洛阳。那里人才济济,肯定有许多学识渊博的名师大家。

谁料,葛洪来到洛阳后,正好赶上"八王之乱",一时间时局动荡,人心不安。眼看求学的计划无法实现,葛洪只得另作打算。这时候,葛洪听说朋友嵇含要去广州担任刺史,便去拜访嵇含。在嵇含的帮助下,葛洪成为嵇含手下的一名参军。

不久之后,葛洪先行一步到达广州。可是没过几天,他就接到噩耗:嵇含在前往广州的途中不幸遇害。这样一来,担任参军的事也没戏了,这简直把孤身一人的葛洪逼到了绝境。最后,为了养活自己,葛洪只能在街头行医,替人看病。

有一天,葛洪看完病人后,正独自待在冷清的小客店发愁。这时,突然进来两个衙役,态度恭敬地对他说:"先生,太守大人请您过去一趟。"

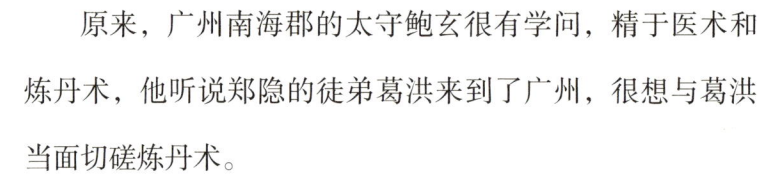

原来，广州南海郡的太守鲍玄很有学问，精于医术和炼丹术，他听说郑隐的徒弟葛洪来到了广州，很想与葛洪当面切磋炼丹术。

葛洪见到鲍玄后，发现此人对炼丹术很有研究，十分敬佩他，并表示想拜他为师。鲍玄见葛洪虚心好学，年轻有为，于是高兴地收他为徒。葛洪聪明勤奋，跟着鲍玄又学到不少医术和炼丹的方法。

后来，鲍玄还把精通针灸术的女儿鲍姑许配给葛洪。从此以后，葛洪、鲍姑夫妻二人，同操医术，救死扶伤，流传下来许多佳话。

炼丹修道

名声越来越大的葛洪被封了官，生活逐渐好起来。但是，受郑隐遁世思想的影响，葛洪一直有意归隐山林，著书立说。最后，葛洪上书朝廷，辞去官职，隐居罗浮山中炼丹修道。

罗浮山风景秀美，僻静幽远，是炼丹修道的极佳场所。尽管葛洪渴望炼出丹药、成为神仙的愿望不可能实现，但是，在长期的炼丹实验中，葛洪发现了许多重大的化学现象，为后世提供了原始实验化学的珍贵资料。

名医圣手

有一天,葛洪把搜集来的红褐色朱砂放进炼丹炉中。经过高温灼烧,朱砂最终消失,变成了银光闪闪、能流动的水银。葛洪心想:如果再把这银白色的水银和黄色的硫黄放到一起,在炼丹炉中高温火烤,不知道又会出现什么结果呢?

于是,他把这两种物质密封在一起,放入炼丹炉中,一连烤了七天七夜。等炉子冷却下来后,葛洪小心翼翼地

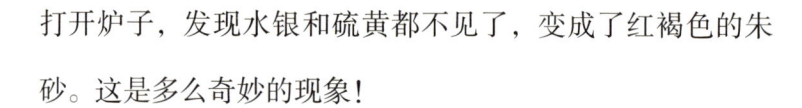

打开炉子，发现水银和硫黄都不见了，变成了红褐色的朱砂。这是多么奇妙的现象！

还有一次，葛洪把妇女扑脸用的白色铅粉放进炼丹炉中，结果，雪白的铅粉变成了黑色的铅块。葛洪又把黑铅块浸泡在醋中，放置在潮湿的地方。过了一段时间，他发现黑铅块竟然又变成了白铅块。

在炼丹过程中，葛洪认识到许多物质的特性及其变化规律。尽管葛洪不能弄清楚这些变化的缘由，但是他能发现这些变化，这在当时已经很了不起了。

后来，各种奇特的化学现象激发着葛洪的兴趣，他不断用各种物质进行炼丹实验，总结并记录实验中的物质变化，并将这些记录整理成册，编写成了一本叫《抱朴子》的书。

医治狂犬病

葛洪不仅是一位杰出的炼丹家，也是一位医术高明的医药学家，他曾经医治好了狂犬病。

葛洪在罗浮山炼丹修道期间，常常进山去采集炼丹所用的草药。有一次，他在采药时听见远处有个妇女在哭泣。于是，他上前询问出了什么事。妇女告诉他，自己的孩子

被疯狗咬伤，现在还一直昏迷不醒。葛洪看这对母子十分可怜，于是说道："让我来试试吧，说不定能把你的孩子治好。"

这个妇女十分感激，但附近的村民们都表示怀疑。因为他们知道，人一旦被疯狗咬伤，就会得狂犬病，之后很快就会死去。在此之前，从没有一个大夫治好过狂犬病。

葛洪想到"以毒攻毒"的办法。他心想，疯狗咬人后，一定是狗嘴里的毒物通过伤口侵入到人体，使人中毒。能不能用疯狗体内的毒物来治疗狂犬病呢？

于是，葛洪吩咐几个年轻力壮的小伙子，拿着棍棒把那条疯狗打死。然后，葛洪将疯狗的脑浆取出，敷在小孩的伤口上。

几天之后，葛洪再次来到那户人家，发现那个小孩已经醒了，他心里非常高兴。孩子的母亲更是感激涕零，说道："先生，感谢您的救命之恩啊！"

葛洪首创了用狂犬的脑浆敷在病人伤口上医治狂犬病的方法，这种治疗方法后来被证明是有科学道理的。十九世纪，法国科学家路易斯·巴斯德发现，狂犬脑中的确含有抗狂犬病的物质。同时，这种治疗方法也孕育着现代免疫学的思想萌芽。简单地说，将某种细菌或病毒注入人体内，使人体产生对抗这种疾病的抗体，这就是现代免疫学。

葛洪在几千年前，就用类似"打防疫针"的方法治好了狂犬病，具有非常重大的意义。

著作众多

葛洪一生与医学结缘，治病救人，造福无数。他毕生完成的医学著作众多，总共约有530卷。虽然大多数已经不幸散佚，但仍有许多名篇流传至今，启发着世世代代学医的人。其中最主要的包括《肘后备急方》和《抱朴子》。

《肘后备急方》简称《肘后方》，顾名思义，这本书是指可以常常备在肘后，即带在身边的应急书，是非常实用的、可随身携带的"小医书"。《肘后备急方》是葛洪多年游历、行医的经验总结，书中描述了众多疾病病症，收录了大量救急药方，为后世提供了宝贵的医学参考资料。

同时，葛洪在书中尤其强调针灸疗法的应用，他用浅显易懂的语言，教会人们使用各种针灸的方法，即便是不懂针灸的人也能轻松学会。

《肘后备急方》的另一突出贡献在于它对一些危害性流行病、传染病的精确描述。

他在书中写道：有一年，广州地区出现一种奇怪的流行病。病人们浑身起脓包，起初只是小红点，不久就变成

白色的脓包，非常容易破。如果不接受治疗，脓包就会溃烂，病人就会高烧不退，严重的话甚至会死亡。这种病即便治好了，病人身上也会留下一个个小疤痕。

葛洪描述的这种流行病，正是现在我们所说的天花。葛洪是最早记载天花的医学家，比西方的医学家要早五百多年。

葛洪在《肘后方》中还记述了一种叫"尸注"的病，这种病会互相传染，病人发病后会发烧咳嗽，疲乏消瘦，时间长了还会丧命。葛洪描述的这种病，就是现在我们所说的肺结核。葛洪将自己治疗结核病的经过详细记录下来，描述了结核病的主要病症，并提出结核病"死后复传及旁人"的特性，还涉及到肠结核、骨关节结核等多种疾病。毫无疑问，葛洪是我国最早观察和记载结核病的医学家，而且他论述的完备性并不亚于现代医学。

葛洪的另一部医学名著叫作《抱朴子》，这是一本非常重要的炼丹著作，具有很高的科学价值。该书分内、外两篇。内篇20卷，主要论述神仙方术、延年益寿、驱邪避祸之事，保留了许多关于我国古代炼丹术的名篇，如《金丹》《仙药》《黄白》等；外篇50卷，主要论述世间百态及葛洪的社会政治观点，其中的著名篇章包括《钧世》《尚博》《辞义》等。

另据史籍记载，葛洪的医学著作还有《金匮药方》100卷，《神仙服食方》10卷，《服食方》4卷，《玉函煎方》5卷。

主要成就及影响

葛洪是我国东晋时期杰出的炼丹家和医药学家，对古代化学和中医学的发展具有重大的推动作用。他曾隐居在罗浮山中，专心修道炼丹，做了许多影响深远的化学实验。直到今天，中医外科还在使用他在化学实验中得来的药物。

后来，葛洪的炼丹术还传到西欧，成为制药化学业发展的基石。同时，葛洪一生致力于研究医学，开创了许多先进的治疗方法和全新的医学领域，在临床急症医学方面作出了突出的贡献。

/知识链接

天 花

天花是一种由天花病毒感染引起的烈性传染病。

天花病毒大约出现于三千到四千年前，是最为古老、死亡率最高、最具毁灭性的传染病之一，属于痘病毒的一种，它的抵抗力强，能对抗干燥和低温，在尘土和被服上也可生存数月甚至一年半之久，且传染性强，致病率高，没有患过天花或没有接种过天花疫苗的人，均能被感染，但痊愈后可获终生免疫。

天花病毒主要经呼吸道黏膜侵入人体，通过飞沫吸入或直接接触而传染。天花的典型症状主要为严重毒血症状（高热、乏力、头痛、四肢及腰背部酸痛，体温急剧升高时可出现惊厥、昏迷），以及皮肤成批依次出现斑疹、丘疹、疱疹、脓疱，最后结痂、脱痂，遗留痘疤。重型天花病人常伴有并发症，如败血症、骨髓炎、脑炎、脑膜炎、肺炎、支气管炎、中耳炎、喉炎等，而这正是天花致人死亡的主要原因。

1980年，世界卫生组织正式宣布消灭天花。

孙思邈

姓名 / 孙思邈

朝代（时期）/ 唐朝

出生地 / 京兆华原（今陕西铜川）

出生时间 / 公元541年（一说公元581年）

逝世时间 / 公元682年

主要成就 / 一生行医济世，著书立说，著有《千金药方》《千金翼方》《新唐本草》等，有"药王"之称

孙思邈是隋唐时期著名的医学家，他精通内科、外科、妇科、儿科、五官和针灸各科，注重民间医疗经验和实地考察研究。他曾隐居在南五台山中，一边行医，一边采集中药，完成了许多临床试验和医学著作。

壹 自幼体弱多病，
久病成医。

贰 拒绝隋文帝的征召，
隐居南五台山。

叁 唐太宗时期，
引线诊脉为皇后治病。

肆 总结经验，整理民间药方，
编著《千金要方》。

伍 一生行医，开创了许多
先进的医学成果。

一心从医

孙思邈小时候体质虚弱,常常得病。家人为了抚养他长大成人,几乎耗尽了心血和财力。也许是"久病成医",孙思邈在看病过程中,慢慢地懂了一些医学知识,也渐渐地迷上了医学。十八岁时,孙思邈立志当一名医生,治病救人。

孙思邈天资聪颖,而且对医学有浓厚的兴趣,这使得他很快就掌握了许多治病之法,成长为一名出色的医生。他医好了许多疑难杂症,乡亲们对他赞不绝口,他的名气越来越大。后来,隋文帝听说孙思邈医术高超,就下旨征召他为国子学博士。

传达圣旨的使臣来到南五台山,在一间茅草屋里找到孙思邈,对他说:"恭喜孙先生,皇上有旨,召您去京城做大官。"

这位使臣本以为孙思邈会兴高采烈、迫不及待地接过圣旨。没想到孙思邈淡淡地说:"感谢皇上的重用之恩。只是我本人才疏学浅,只懂医术,做不了大官。请您转告皇

上，我孙思邈不敢受此恩宠，也不能接此圣旨。"

使臣听了感到十分惊讶，瞪着眼睛说："你这个人真是奇怪。这可是千载难逢的机会，别人抢都抢不到呢，你却不想要！难道你是嫌官太小了吗？"

孙思邈连忙摇摇头，解释说："我从小体弱多病，差点死掉，到现在身体也不是很好。因此，我才选择住在山中，一是修身养性，二是方便采药。我实在是不能离开这里呀！"

使臣见孙思邈如此坚决，只能带着圣旨离开了。不一会儿，附近的一位老人家来到孙思邈面前，对他说："孙先生，听说您要去京城当官了。这以后我们再生了病，该找谁去医治呀？"

孙思邈笑着说："放心，老先生。我这辈子哪儿也不会去，就待在这山上。你们离不开我，我也离不开乡亲们呀！"

孙思邈一生以治病救人为志向，淡泊名利，不慕虚荣，赢得后人世世代代的传颂。

引线诊脉

孙思邈在世时，江山易主，隋朝灭亡，唐朝建立。唐贞观年间，太宗李世民的长孙皇后怀孕满十月后，仍旧不

了不起的中国历史人物

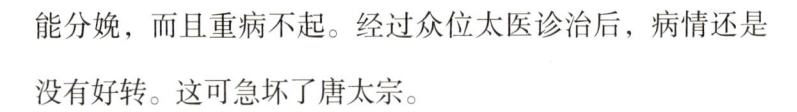

能分娩，而且重病不起。经过众位太医诊治后，病情还是没有好转。这可急坏了唐太宗。

有一天，唐太宗对大臣徐茂功说："皇后身患重病，至今卧床不起。太医们看了也不见好。你知道哪里还有名医吗？"

徐茂功回答说："臣听说华原县有位民间名医叫孙思邈。他多年来深居山林，替人看病，尤其擅长妇科和儿科。百姓们都说他有妙手回春之术，什么疑难杂症他都能治好。皇上可以下令将他召进宫来，替皇后治病。"

听了徐茂功的介绍，唐太宗立刻下令，将孙思邈召进皇宫。唐太宗对孙思邈说："孙先生医术高超，声名在外，今天特地请您给皇后治病。若能治好，寡人一定重重有赏。"孙思邈谦虚地说："小民一介布衣，定当竭尽全力治好皇后。"

受到"男女授受不亲"封建思想的影响，太医给后宫妇女看病的时候，不能亲近病人的身体，只能通过旁人的口述通晓病情，诊治处方。孙思邈是来自民间的普通医生，当然更不能接近皇后的"凤体"。

于是，他只能听皇后身边的宫女细说皇后的病情，并认真查看太医之前开的病历处方。随后，他拿出一根红线，让宫女把线的一端系在皇后的右手腕上，另一端从珠

名医圣手

帘拉出来。孙思邈轻轻地捏着外面的一端，给皇后"引线诊脉"。

片刻之后，孙思邈为皇后诊完了脉。众人纷纷表示赞叹，说："孙先生真不愧为神医啊！竟然单凭一根细线的微微颤动，就能诊断清楚皇后的脉搏。"

孙思邈向唐太宗禀告说："皇上！通过询问病情、查看病历和诊断脉搏，民医发现皇后的胎位不正，结果导致现在怀孕十多个月仍不生产，进而损伤了凤体。"

唐太宗接着问道："既然如此，那你打算怎么治疗呢？"

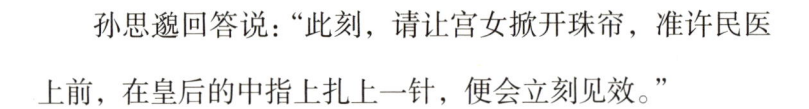

孙思邈回答说："此刻，请让宫女掀开珠帘，准许民医上前，在皇后的中指上扎上一针，便会立刻见效。"

皇上一口答应，让孙思邈赶紧上前扎针。孙思邈看准穴位猛扎一针，只见皇后疼得浑身颤抖。不一会儿，皇后腹中的胎儿呱呱坠地。宫女高兴地急忙跑出来，大声说："贺喜万岁，皇后诞下龙子，母子平安！"

唐太宗听了开怀大笑，夸赞孙思邈说："孙先生果然是妙手神医！今天你治好了皇后的病，龙子也平安诞生，可谓立了头等大功。寡人现在封你为官，执掌太医院，你意下如何？"

孙思邈立志从医，不愿为官，于是委婉地谢绝了唐太宗的封赏。太宗听了，也不好勉强，只说让孙思邈在长安再多住些日子，为长安的百姓问诊看病。

唐太宗十分欣赏孙思邈的高超医术和高尚品德，后来他曾亲自到南五台山拜访孙思邈，并撰写了《赐真人孙思邈颂》：凿开径路，名魁大医。羽翼三圣，调和四时。降龙伏虎，拯衰救危。巍巍堂堂，百代之师。

富人病和穷人病

孙思邈暂居长安期间，每天都有络绎不绝的病人上门。

名医圣手

有一天,一个富商模样的病人来看病,说自己几十年来腿脚发肿,浑身无力,不知道到底得了什么病。

孙思邈仔细地诊断一番后,告诉病人:"你得了脚气病,没什么大碍。我给你开些药,吃了就会好很多。但这个病很难一下子除根,所以一定得长期坚持吃药。"

这个病人走后,孙思邈开始回想,自己前些天也遇到过许多得脚气的病人,而且这些病人大多是有钱人。这种"富人病"是怎么一回事呢?孙思邈左思右想,猜测说:"难道是因为这些富人每天吃大鱼大肉、白米白面,不吃粗粮,结果体内缺乏了某种东西,才引发了脚气病?"

后来,孙思邈试着用谷糠(kāng)、麸(fū)子煮汤,让那些得了脚气的病人去喝。富人们喝完后,果真很快就彻底好了,比吃药还见效。

治好长安的"富人病"以后,孙思邈受到很大启发,想到了治好南五台山上"穷人病"的方法。于是,他向朋友说明理由,准备辞行回家。

朋友好奇地问:"什么是'穷人病'?"

孙思邈回答说:"山上的许多百姓都有雀盲眼这种病,白天时什么都能看清,可一到晚上就看不清了。我一直想给大家治好这种病,可就是找不到合适的治疗方法。现在,我用粗粮治好了长安的'富人病',这一下子让我明白,原

来，山里人的雀盲眼正好相反，是一种'穷人病'。"

"你是说，山里人常年食用粗粮，体内缺少荤腥，这才得了雀盲眼这种病？"朋友继续问。

"是的，你看哪里有富人得过这种病。现在我弄明白了病因，必须赶紧回去给大家治好才行。"

就这样，孙思邈辞别友人，离开长安。回到南五台山后，孙思邈立即试着用牲畜的肝脏煮汤，让那些得雀盲眼的病人喝。这些病人喝完果真很快好了。

名医圣手

严谨治学

〔战国〕扁鹊　〔西汉〕淳于意　〔东汉〕华佗　〔东汉〕张仲景　〔西晋〕王叔和　〔东晋〕葛洪　〔唐朝〕孙思邈　〔明朝〕李时珍　〔清朝〕叶天士

孙思邈七十岁时，将自己几十年的行医经验和搜集来的民间药方进行整理，编写成一部叫《千金要方》的医书。

《千金要方》刚刚问世时，有人问孙思邈："这本书叫《千金要方》，是不是说您的药方很宝贵，价值很多钱啊？"

孙思邈摇摇头，说："错了错了。'千金'说的是人命，可不是我的药方。人命贵于千金啊！"

孙思邈晚年的时候，又编写成另一部叫《千金翼方》的医书。《千金翼方》是对《千金要方》的补充和更正。

在《千金要方》中，孙思邈写道：人体一共有650个穴位，其中包含301对双穴、48个单穴。

所谓的双穴就是人体左右对称的穴位。例如左手虎口部位有一个合谷穴，右手同一部位也有一个相同的穴位。这就是双穴。

所谓单穴就是单一穴位，一般位于人体的正中线上。例如，肚脐部位有个神阙穴，嘴唇正上方有个人中穴。这些都是单穴。

自从《千金要方》问世以来，人们一直相信名医孙思邈的说法，认为人体就是有650个穴位。

可是有一天，一位名不见经传的医生找到孙思邈，对

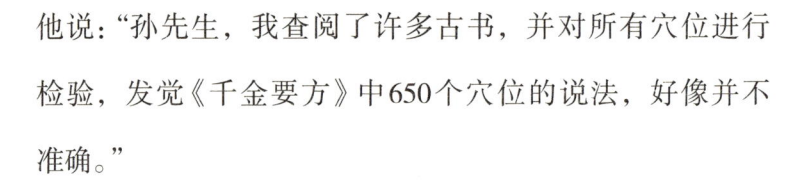

他说:"孙先生,我查阅了许多古书,并对所有穴位进行检验,发觉《千金要方》中650个穴位的说法,好像并不准确。"

孙思邈虚心请教说:"那你查证的到底有多少个穴位呢?"

"好像比650个少。"

"好的,我记下了,等我再仔细查证一番。"

人们认为孙思邈医术高明,见多识广,肯定不会出错。而那个提出异议的医生就是个无名小卒,他的话并不可信。但是,孙思邈没有这么想。他始终坚持严谨治学的态度,虚心请教其他医生,认真研究穴位的问题。

几年之后,孙思邈终于发现自己之前把一个穴位记错了。这个穴位原本是单穴,孙思邈却把它记成了双穴。这样一来,双穴应该是300对,单穴应该是49个,总穴位数应该是649个。这也说明,那位医生的见解是正确的。

后来,孙思邈在《千金翼方》中更正了这个错误。他严谨治学的风范被世人代代传颂。

孙思邈一百四十一岁(一说一百零一岁)时,无疾而终。他去世后,人们尊称他为"药王",并把他生前隐居的南五台山称作"药王山"。直到今天,药王山上还有一座"药王庙"。传说庙旁的水池就是当年孙思邈洗草药的地方。

名医圣手

成果卓著

孙思邈一生研究医学，临床医学经验十分丰富。在几十年的行医经历中，孙思邈最新开创了许多先进的医学成果，为我国医学史的发展作出了卓越贡献。

巧治大脖子病

在孙思邈生活的那个年代，山里人经常得一种大脖子病。患病的人一般都会出现脖子粗大的症状，严重的还会在脖子前面长出一个大肉瘤。孙思邈看着病人们痛苦的样子，心里十分着急。他下定决心，一定要找到一种治疗大脖子病的好方法。

在行医治病的过程中，孙思邈发现：一般病人的气管很明显，一摸就能摸到；患大脖子病的病人的气管则很难摸到，只有软乎乎的、一块块的小疙瘩。这究竟是怎么一回事呢？为了弄清楚这个问题，孙思邈决定去屠宰场观察家畜的气管。

那时，北方地区宰羊的比较多，孙思邈就专门观察羊脖子中的气管。他发现，羊的气管两边有两团三角形的肉块，看起来像盾牌一样。屠宰场的师傅告诉他，这个东西叫作靥。孙思邈猜想，人们得了大脖子病会不会就是靥出

了毛病呢？回到家中，孙思邈开始仔细查阅古代医书，终于看到了相关记载：几百年前，有一种叫作瘿的病。它是由于靥的肿大引起的。治疗瘿这种疾病可以使用海藻。

看到这里，孙思邈十分高兴地说道："真是太好了，大脖子病有救啦！"

可是，没过多久，新的问题又出现了。海藻生长在东部大海之中，这南五台山离大海有一千多里地，因此，海藻并不常见。

孙思邈四处寻访才好不容易找到一些，拿给病人吃了。果然，病人吃了海藻，没几天脖子就恢复了正常。后来，来找孙思邈治疗大脖子病的病人越来越多，可是海藻越来越少。孙思邈担心，等海藻用完，人们的病又没得治了。

后来有一天，孙思邈去一个老乡家串门，看见那个老乡正在炖猪心吃。孙思邈知道当地人一般不吃猪心，于是好奇地问："你怎么吃起猪心来了？"

老乡笑着回答说："这两天我的心口老是难受。我听说'吃心补心，吃肝补肝'，于是吃点猪心，治治心病。"

"吃心补心，吃肝补肝……"回家的路上，孙思邈的嘴里一直念叨这几个字。后来，他突然想到：吃心补心，吃肝补肝，那么吃靥应该也能补靥。

孙思邈立刻回家煮了一锅羊靥汤，然后让几个病人喝了。没几天，病人的大脖子病就都好了，而且效果比吃海藻更好。

现代医学证明，大脖子病是因为人体内缺碘引起的。羊靥中含有丰富的碘，所以治疗这种病的效果特别好。

发明导尿术

有一次，孙思邈遇到一个得了尿潴留的病人。病人双手捂着肚子，疼得"哎哟哎哟"直叫。孙思邈问他怎么了，

病人痛苦地说："我已经好几天撒不出尿来了，肚子都快胀破了。请您赶紧想想办法，治治我的病吧！"

孙思邈立即仔细检查病人的肚子和下腹部，然后配好了一服利尿的汤药，端给病人喝。可是，病人喝了之后仍然不见好，肚子反而越胀越大了。

孙思邈心想，现在吃药恐怕来不及了，只能另想办法。突然，他想到：如果能用一根管子疏通尿道，病人的尿液也许会被引出来。可是该用什么样的管子呢？管子的粗细、大小、软硬怎样才算合适呢？

孙思邈也是头一次见这种病。他一时没了主意，急得在屋子里来回不停地走。忽然，他看见邻居家的小孩正拿着一根葱管在吹着玩。葱管尖尖的，又细又软。孙思邈立即决定用葱管来试一试。他挑选了一根粗细适宜的干净葱管，在火上稍微烤了烤，切去尖头，然后把它小心翼翼地插进病人的尿道里，再对着葱管用力吹气。不一会儿，病人的尿液果然顺着葱管流出来，病人的肚子也慢慢地瘪了下去。

孙思邈是世界上第一位发明人工导尿术的医生。现在的导尿管当然不是葱管，而是橡皮管，但是它们的导尿原理基本相同。

名医圣手

发现阿是穴

孙思邈曾经给一个患腿疾的中年人治过病，开了汤药后，病人就回家了。可是没过几天，病人就又被人背来了。

孙思邈很纳闷，病人慢慢对他说："孙先生，前些日子我大腿根儿疼，来找您看过病。回家吃了您开的几服中药，还是一直不见好。这几天，我的腿疼得更厉害了，连走路都不行了。"

孙思邈又替病人仔细检查了一番，然后对他说："既然汤药不太管用，这次就用针灸治疗吧。"

孙思邈说完后，从针盒拿出一根细针，找准治疗腿疾的穴位，开始扎针。可一连扎了好几个穴位，病人还是说疼。孙思邈一时犯了难，心想：书上记载的那些治疗腿疾的穴位，我都一一试过了，可是病人仍不见好。难道还有其他治疗腿疾的穴位？

想到这里，孙思邈决定再仔细找一找其他穴位。他在病人的腿上按来按去，边按边问："这儿疼吗？……这儿呢？"

病人一开始直摇头。过了好久，孙思邈终于按对了地方。他一按那个部位，病人就大叫起来："啊！是……就是这儿疼！"

孙思邈立刻在那个部位上扎了一针。片刻之后，他拔

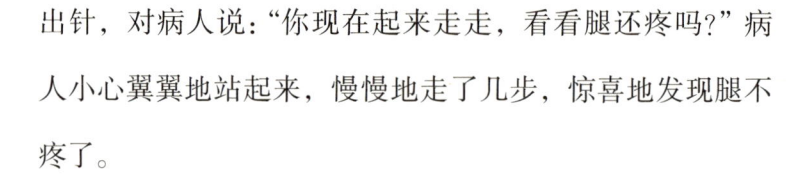

出针，对病人说："你现在起来走走，看看腿还疼吗？"病人小心翼翼地站起来，慢慢地走了几步，惊喜地发现腿不疼了。

这次，病人高高兴兴地走了。孙思邈也十分有成就感，因为自己不但治好了病人的病，还发现了一个新的穴位。他决定把这个新穴位记录下来，写到医书当中。可是，该怎么命名这个新穴位呢？孙思邈左思右想，终于想到了一个好名字。刚才病人大喊"啊，是"，因此就叫这个穴位"阿是穴"吧。

主要成就及影响

孙思邈一生致力于医学临床研究，精通内、外、妇、儿各科，开创了许多前所未有的医学成果，推动了我国医药学的发展。孙思邈编著的《千金要方》和《千金翼方》是我国医药学典籍宝库中的代表作品，后世将其合称为《千金方》。《千金方》全书共60卷，收录药方6500则。它系统总结了唐代以前的医药学成就，被誉为我国最早的一部临床医学百科全书，对后世医药学的发展影响深远。

名医圣手

孙思邈为我国医药学贡献的"二十四个第一"

1．医学巨著《千金方》是我国历史上第一部临床医学百科全书，被国外学者推崇为"人类之至宝"；

2．第一个完整论述医德的人；

3．第一个倡导建立妇科、儿科的人；

4．第一个麻风病专家；

5．第一个发明手指比量取穴法的人；

6．第一个创绘彩色《明堂三人图》的人；

7．第一个将美容药推向民间的人；

8．第一个创立"阿是穴"的人；

9．第一个扩大奇穴，选编针灸验方的人；

10．第一个提出复方治病的人；

11．第一个提出多样化用药外治牙病的人；

12．第一个提出用草药喂牛，而使用其牛奶治病的人；

13．第一个提出"针灸会用，针药兼用"和预防"保健灸法"的人；

14．第一个系统、全面、具体论述药物种植、采集、收藏的人；

15．第一个提出并成功将野生药物变家种的人；

16．首创地黄炮制和巴豆去毒炮制方法；

17．首用胎盘粉治病；

18. 最早使用动物肝治眼病，动物肝富含维生素 A；

19. 首位治疗脚气病的人，并最早用榖（gòu）树皮煎汤煮粥食用，预防脚气病及其复发，比欧洲人早一千年，榖树皮富含维生素 B1；

20. 首创以砷剂（雄黄等）治疗疟疾病，比英国人用砒霜制成的孚勒氏早一千年；

21. 第一个提出"防重于治"医疗思想的人；

22. 首用羊靥治疗甲状腺肿；

23. 是我国历史上第一位深入民间，向百姓和同行虚心学习、收集校验秘方的医生；

24. 第一个发明导尿术的人。

知识链接

雀盲眼

雀盲眼指的是在光线昏暗环境下或夜晚视物不清或完全看不见东西、行动困难的症状,就像麻雀一样,因此称为"雀盲眼",医学上叫作夜盲症。

夜盲症一般是由缺乏维生素A引起的,因此平常多吃一些维生素A含量丰富的食物,如鸡蛋、动物肝脏等,即可起到预防的作用。

李时珍

姓名 / 李时珍

朝代（时期）/ 明朝

出生地 / 蕲州（今湖北蕲春）

出生时间 / 公元 1518 年

逝世时间 / 公元 1593 年

主要成就 / 编写出规模空前的药物学著作《本草纲目》，创立了纲目分类体系

李时珍是明代著名医药学家,他曾就职太医院,饱览了皇家珍藏的丰富医学典籍,曾历时二十七年,走遍了湖广、江西等地的无数名山大川,参考了800多部书籍,记录了上千万字札记,完成了一部192万字的巨著——《本草纲目》。

壹 生于明代医药世家,自幼对医药学感兴趣。

贰 三次科举落第,坚定弃文从医之志。

叁 研读医药典籍,立志重修《本草》。

肆 入职太医院,上书要求重修《本草》却不被重视。

伍 辞去官职,呕心沥血二十七年,《本草纲目》问世。

了不起的中国历史人物

学认草药

　　李时珍出生于医药世家,祖父和父亲都是当地的名医。为了给病人治病,李时珍的父亲李言闻在自家后院种了许多草药。到了春夏,这些草药会开满五颜六色的小花,而且形态各异,惹人喜爱。到了秋天,它们还会结出大大小小、奇形怪状的果实。

　　李时珍小时候,常常跟随母亲到后院打理这些草药。母亲在给草药浇水、施肥的时候,李时珍就坐在门口的小板凳上,出神地望着它们。

　　有时候,李时珍也会淘气地站起来,凑到母亲跟前,一会儿拿起个小罐子给草药浇水,一会儿揪一下草药的叶子,嘴里还不停地嘟囔着:"母亲,快看,这些花不是我们经常用来泡茶喝的吗?这到底是什么花呀?"

　　"好孩子,这叫款冬花,能治疗咳嗽,病人吃了很快就好了。"

　　"那这些花呢?这些长得像鸡冠子一样的花又叫什么?"

　　"它们就叫鸡冠花,也是可以治病的。"

名医圣手

"奇怪,怎么这些花草还能治病啊?"李时珍天真地问。

"是呀,你可不要小看这院子里的花草。它们的用处可大了。医生会根据这些花草的药性,把它们开给病人吃,病人吃了就能恢复健康了。"

听了母亲的话,李时珍更加喜爱这满院子的草药了,常常一个人跑来打理。

李言闻见李时珍这么喜欢草药,也常常在空闲时教他识别各种草药,有时候还会出题考考他。

有一天,李言闻拿着一棵长有黄色粗根的草药去问李

时珍:"你知道这是什么草药吗?"

"这是鲜地黄。"李时珍想了想答道。

"那你知道它的药性吗?"李言闻继续问。

这一次李时珍却答错了。父亲立即纠正他的错误,并且严肃地说:"孩子,你一定要记住每种草药的药性,不能混淆。医生用错了药,轻则延误病情,重则致人死亡,千万不可以马虎啊!"

李时珍认真听着父亲的教诲,把父亲的话牢牢地记在心里。

弃儒学医

李言闻虽然是位名医,也深受百姓们的尊敬,但是他并不愿意让李时珍学医。因为在当时,医生的社会地位并不高,生活十分艰苦,还经常被一些前来看病的达官贵人瞧不起。

有一次,李言闻正在给人看病,突然"砰"的一声,门被撞开了,两个人高马大的差役大摇大摆地走进来,高声喊着:"李言闻在家吗?"

"我就是。两位有什么事吗?"李言闻赶紧起身应答。

一个差役斜着眼睛,拉长了声,傲慢地说:"我们张家

名医圣手

公子病了，肚子疼得厉害。老爷下令让你马上过去看病。"

李言闻看了看满屋子的病人，请求说："这几位病人的病情严重，我能否先给他们看完了再……"

李言闻的话还没说完，就被差役打断："这怎么行！我们公子正疼得厉害，你若耽误了病情，可担待不起！废话少说！赶紧跟我去府上看病。"

李言闻无可奈何，只得扔下满屋子的病人，背起药箱，跟着两个差役走了。

李言闻看完病回来后，一边叹气，一边对李时珍说："孩子啊，你以后可千万不要像父亲一样再当医生，这个行当既辛苦又受气。你以后要好好读书，考取功名，谋个一官半职的，总比医生强啊！"

李时珍听了，嘴上答应着，心里却不这么想。虽然他也十分痛恨那些仗势欺人、横行霸道的达官贵人，但他一想到父亲治好了那么多病人，帮他们解除了痛苦，还是打心底里想当医生。

后来，李时珍遵从父亲的意愿，参加蕲州的科举考试，幸运地中了秀才。父亲高兴极了，接着又让李时珍去武昌参加举人考试。可这次没有那么顺利，李时珍不幸落榜。后来，李时珍又连续考了两次，依然名落孙山。

李时珍自己并不热衷于科举考试，唯独对医药学情有

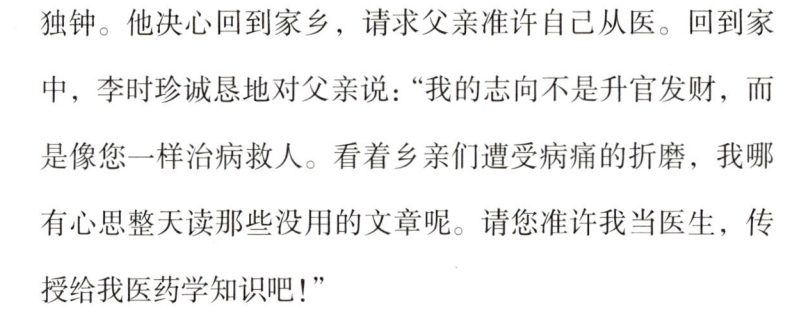

独钟。他决心回到家乡，请求父亲准许自己从医。回到家中，李时珍诚恳地对父亲说："我的志向不是升官发财，而是像您一样治病救人。看着乡亲们遭受病痛的折磨，我哪有心思整天读那些没用的文章呢。请您准许我当医生，传授给我医药学知识吧！"

李言闻看到儿子如此坚决，最终同意了他的请求。

立志修《本草》

李时珍跟随父亲学医时勤奋刻苦，有疑必问，医术越来越高明。有一次，一个病人肚子疼得厉害，看过许多医生都没能治好。李时珍诊断后只开了一味药，病人就彻底好了。还有一次，一位老人病得快不行了，家里人甚至为他准备好了棺材。李时珍替他针灸，给他服药后，老人竟然恢复了健康。李时珍的医术如此精湛，名声越来越大。

然而有一次，一个病人服了李时珍开的药后，病情反倒加重了。这是怎么回事呢？李时珍仔细查验药渣后发现，原来药铺是按《本草》上的错误记录配的药，结果出了差错。后来李时珍还听说，有个医生错把毒药当成补药，把人医死了。李时珍觉得十分惋惜，他知道这不能全怪医生或药铺，因为《本草》上本来就存在许多错误之处。

名医圣手

那时,医生开方和药铺配药都是按照《本草》进行的。从汉代的《神农本草经》到唐代官方修订的《唐新修本草》,历经几百年几代人的修订,《本草》中记载的药物从360多种增加到800多种。到了明代,《本草》却一直没有再修订过。这其中的错误也遗存了下来,耽误了许多病人。

李时珍下定决心重新修订《本草》。从那以后,李时珍除了给人看病,闲余时间全都用来研读医药典籍,为修订《本草》作准备。

有一年,李时珍经人推荐去给楚王的儿子治病。在他

【战国】扁鹊 【西汉】淳于意 【东汉】华佗
【东汉】张仲景 【西晋】王叔和 【东晋】葛洪
【唐朝】孙思邈 【明朝】李时珍 【清朝】叶天士

的精心治疗下，公子的气厥病很快就好了。楚王十分满意，随即任命李时珍为楚王府主管医师。李时珍在楚王府期间，一边接诊看病，一边研读楚王府里珍藏的名贵医书，识别名贵药材，并正式开始动手编写《本草》。

后来，李时珍被举荐到京城的太医院当太医。太医院可是皇家机构，汇集了天下名医。李时珍充满雄心壮志地来到这里，渴望实现自己的理想和抱负。

可是没想到，当时的嘉靖皇帝迷信长生不老之术，让一帮道士掌管太医院，对此，李时珍十分不满。他多次对大家说："丹砂中含有水银。水银是一种有毒物质，长期服用就会中毒。为了长生不老而去服用水银，简直是荒谬愚昧之举。"

李时珍还多次上书，请求重新修订《本草》。可是，朝廷根本不重视此事，一直没有回应。有些人甚至对李时珍冷嘲热讽，说他是"草泽医生"。

李时珍渐渐明白，自己济世救民、重修《本草》的愿望在太医院里不可能实现。于是，一年后，李时珍辞官回乡，一心一意地开始了修订《本草》的工作。

名医圣手

行万里路

以往的《本草》书籍版本杂乱,许多药物名称不一致,而药名混杂,就无法弄清楚药物的外形及生长状况。这让李时珍意识到,要编著一部有价值的医书,"读万卷书"固然重要,但"行万里路"更不可少。

于是,李时珍走出家门,亲自到深山僻野里实地调查,采集药物,并向那些最熟悉这些药物的当地人请教学习。

龙峰山捕蛇

李时珍的家乡蕲州生长着一种蕲蛇,又名五步蛇,当地人称它白花蛇。《本草》上记载:蕲蛇全身分布着二十四块斜方花纹,具有医治风痹、惊搐、癣癞等功用。李时珍对蕲蛇早有研究,却一直没有亲眼见过。

内行人告诉李时珍,蕲蛇的毒性很强,传说被它咬伤后,走不上五步就会死掉。因此,很少有人愿意去捕捉蕲蛇,蛇贩子那里的"蕲蛇"也都是从其他地方捕到的类似的蛇。整个蕲州,只有城北龙峰山上才有真正的蕲蛇。

蕲蛇虽然有剧毒,但在治疗上对很多病都有特效,因此十分贵重。有一次,官府逼迫龙峰山附近的百姓冒着生命危险去捕蛇,以便向皇上进贡。李时珍听说后,决定跟

着捕蛇人一起上山，亲自弄清楚蕲蛇的外形和习性。

第二天，李时珍来到龙峰山下，跟一个捕蛇人说明了来意。捕蛇人爽快地答应了李时珍的请求，带他上了山。

龙峰山地势险峻，怪石嶙峋，灌木丛生。李时珍跟着捕蛇人走了很久的山路，才来到山间的一丛石楠藤旁边。捕蛇人停下来对李时珍说："这是石楠藤，它的花叶是蕲蛇最喜欢的食物。你在远处看着，蕲蛇不一会儿就会爬过来。"

李时珍按照捕蛇人的吩咐,屏住呼吸静静地等着。不一会儿,果然看见一只长满花纹的蛇爬到石楠藤上,吃掉了藤上的花叶。

这时候,捕蛇人不慌不忙地举起手中的叉子,冲着蕲蛇插下去,一下子就把它插死了。李时珍赶紧凑上去,拎起刚断气的蕲蛇,数了数它身上的花纹,不多不少,正好二十四块。

下山后,李时珍还跟随捕蛇人一起观看了把蕲蛇制成药材的全过程。

回到家中,李时珍拿出纸笔,认真地记录下这次龙峰山捕蛇经历,并把蕲蛇的外形、生活习性及捕蛇、制药的全过程清清楚楚地记载到《本草纲目》中。

鄱阳湖打鱼

有一年,李时珍为了研究鱼的生活习性和药性,专门来到盛产鱼虾的鄱阳湖,找到当地一位经验丰富的老渔翁,对他说:"老人家,我想向您请教一些关于鱼的学问。有些鱼可以入药,是治病救人的好药材。但是,它们的外形和生长习性,我都还没有弄清楚,所以今天特地来向您请教。"

老渔翁连忙谦虚地推辞说:"我连一个字也不认识,哪

里懂什么学问,我可不敢当您的老师。"

李时珍诚恳地说:"您虽然不识字,但常年打鱼,见的鱼比我吃的都多,也最清楚各种鱼的生活习性。您在这些方面就是我的老师啊!"

老渔翁见李时珍如此谦虚诚恳,于是答应带着他一起去鄱阳湖中打鱼,教他认识各种鱼,了解它们的习性。

在平静的鄱阳湖上,老渔翁坐在船头一声不响,他的儿子站在船尾轻轻地划着桨。等了好久,老渔翁突然把耳朵贴在船板上听了听,然后马上命令儿子:"快撒网,在左边下网!"

他的儿子接到指示后,立刻娴熟地撒下渔网,片刻之后又使劲收网。只见网里已经装满了鱼,有大的小的,黄的黑的,各不相同。

李时珍竖起大拇指,对老人家十分佩服:"老人家果然厉害,只靠听声音就知道这里有鱼。您是怎么做到的呢?"

老渔翁笑了笑,扇着手中的草帽说:"其实这算不了什么。我从年轻时就开始在鄱阳湖和长江一带打鱼,几十年来,什么鱼都见过。而且,有的鱼还会发出叫声,黄花鱼的叫声像打雷,'隆隆隆'的;黄颡(sǎng)鱼的叫声像车轮碾过,'嘎吱嘎吱'的。凭借多年的经验,我们捕鱼人光听声音就知道它们是什么鱼,离船还有多远,所以下网才不

会落空。"

听了老渔翁的话，李时珍更加佩服了，连声赞叹说："真没想到，这捕鱼还有这么大的学问呢！"

后来，李时珍接连好几天都跟着老渔翁父子去打鱼，认识了许多不同的鱼，并且了解了它们各自的生长习性。在李时珍撰写《本草纲目》中鱼类药物的相关内容时，这次难忘的经历为他提供了巨大的帮助。

实地考察矿物类药材

李时珍不辞辛劳，历时多年游历祖国的名山大川，尝百草、试百药，为医学研究孜孜不倦地作着贡献。他不仅对众多的动植物药材进行了实地观察和研究，同时也对许多矿物类药材进行了调查。

据说，为了弄清楚各种矿物类药材的特性及功效，李时珍曾亲自去过铜矿、铅矿、石灰窑等地进行调查研究。经过大量细致、深入的调查工作，李时珍发现，铅是一种有毒性的物质。为了了解铅的性能，李时珍深入矿区，与矿工们同吃同住，进行了细致的观察。

李时珍还在自己的著作中记录下了矿工们艰苦的工作条件。他写道："铅生山穴石间，人挟油灯入至数里，随矿脉上下曲折砍取之"。在对矿工们的身体状况进行诊断之

后，李时珍提出，"铅性带阴毒，不可多服"。同时，他还发现铅中毒会引起中毒性肝炎，进而会出现黄疸（dǎn）症状。"若连月不出，则皮肤萎黄，腹胀不能食，多致疾而死"。

李时珍考察的另一种矿物类药材是水银。早先的医学著作中曾记载说，水银无毒，久服即可长生不老，得道升仙，因此水银被称为长生不老药。事情真是这样子的吗？为了弄清楚水银的特性，李时珍对它进行了细致的调查。他认识到，水银是一种由丹砂加热后分解出来的物质；水银和硫磺一起加热，可以变成银朱，即硫化汞；水银加盐等，又可以变成另一种物质，名叫轻粉，即氯化亚汞。

通过一系列的研究及考察，李时珍认为水银是一种"温燥有毒"的物质，"若服之过剂，则毒被蒸窜入经络筋骨，变为筋挛骨痛，发为痈肿疳漏，或手足破裂，虫癣顽癣，经年累月，遂成疾癌，其害无穷"。与此同时，李时珍还引用六朝以来久服水银造成终身残疾的大量历史事实，驳斥"久服水银可以长生不老"的无稽之谈，并写道："方士固不足道，本草岂可妄言哉"。

李时珍不仅注重书本上的医学知识，而且更注重实地勘察和考证。他是一个富有求实精神的医药家，为了完成修订《本草》的艰巨任务，他几乎走遍了湖北、湖南、江西、

安徽、江苏等地的名川大山，行程不下万里。

行医治人

李时珍多年来四处寻访，踏遍万水千山，实地考察各种药物的药性、药效。期间，他也没有扔下自己的老本行，依旧坚持给病人看病。在行医的过程中，李时珍遇到过许多奇特的事情。后来，这些故事被大家广为传颂，一直流传至今。

亲试曼陀罗

有一次，李时珍遇到一个摔伤的病人，他躺在地上，痛苦地呻吟着，于是李时珍赶紧给他做了仔细检查，发现他的大腿骨折，需要复位治疗。可是，李时珍不懂正骨之术，便让徒弟请来了当地有名的正骨专家徐医生。

徐医生赶来后，在两名助手的协助下，开始给病人正骨复位。病人疼得满头是汗，大声呼喊，不一会儿就晕了过去。

李时珍眼看病人疼得死去活来，感到十分难过。他决心找到一种能缓解疼痛的药物，减轻病人的痛苦。后来，李时珍听说，曼陀罗花具有麻醉作用，能缓解疼痛。于是，

了不起的中国历史人物

他上山采集了许多曼陀罗花。但这些花的功效到底如何？吃多少才算合适呢？

　　李时珍的徒弟提议说："不如让那些病重的人试一试。"

　　李时珍摇摇头，坚定地说："病重的人已经很痛苦了，不能再在他们身上试药。还是我亲自来吧！"李时珍坚定地说。

　　徒弟急忙说："这怎么能行！曼陀罗花有毒性，使用不当会有生命危险。"

名医圣手

李时珍不顾徒弟的反对，坚持自己试药。他称了两份同等重量的曼陀罗花，一份备用，一份自己服用。吃完药后，李时珍不慌不忙地说："一会儿药性发作时，你就用针扎我的穴位，用刀划我的手，我要试试有没有感觉。"

徒弟满含着泪水，站在一旁等着药力发作。

不一会儿，李时珍就开始感到头晕眼花、心口发闷，于是示意徒弟扎自己的手。徒弟一扎，李时珍就痛得缩了回去。看来，药力还不够。李时珍又把另一份吃了下去。这次，李时珍很快就晕了过去。弟子用针扎、用刀划他的手，他都没有感觉。

就这样，李时珍以身试险，亲试曼陀罗，终于弄清了这种麻醉药的准确用量。

莫敢不懂装懂

在多年的行医生涯中，李时珍几乎览读了所有见过的古代医书，记载了所有在自然界中遇到的药材。但他依旧坚持严谨治学，虚心求教，从不不懂装懂。

有一次，李时珍在元代游记作家刘郁的《西使记》中看到一种叫"撒八儿"的药材，非常奇特，据说它产自西部的大海之中。"撒八儿"最初是玳瑁（dài mào）吐出来的东西，后来再被大鲛鱼吞食排出，多年以后才变成像犀牛粪便一

样的"撒八儿"。

李时珍没有见过"撒八儿",他问过许多人,也都说不知道什么是"撒八儿"。有一次,李时珍专门来到一个见多识广、游历各国的人面前,询问他"撒八儿"的事情。

那人笑着对李时珍说:"我到西域时听说过这东西,可是没有亲眼见过。我久仰您的大名,知道您见识过各种珍贵的药物,还一直想向您请教呢!"

李时珍谦虚地说:"我哪有那么厉害,这个'撒八儿'我也没见过。我怎么敢不懂装懂呢?"

后来,直到完成《本草纲目》,李时珍也没有见过"撒八儿"。他在书中写道:《西使记》记载说"撒八儿"贵重无比,想必大有用途,只可惜我没有见过它的真容。因此,我只能在此记录一下,等后人再作补充。

处方讥权贵

李时珍医术高明,待人仁爱,对前来求医看病的老百姓总是有求必应。然而,他对那些遭人痛恨的权贵贪官却是另一番态度。他从不趋炎附势,相反,他还会趁机对那些贪官污吏进行辛辣的讽刺和嘲弄。

有一年除夕,李时珍刚从山上采药回来,连水都没顾得上喝一口,就听见门外有人高声喊着:"李时珍在家吗?"

名医圣手

　　李时珍听见有人来了，以为是老百姓找他看病，他顾不上身体劳累，急忙出门来迎接。谁知刚打开门，他就看见州里的差役马三洪正气势汹汹地站在门口。李时珍一见马三洪，心里的火气就蹿了上来。这是为什么呢？原来，这个马三洪仗着自己在衙门里做官，平日里到处欺压百姓，做尽了坏事，而他上面的州官更是一个欺凌良民、无恶不作的混蛋。

　　李时珍板着脸，冷冷地问道："马大人光临寒舍，不知道有何贵干？"

　　马三洪傲慢无礼地说道："别废话。知府大人有要事，叫你过去一趟。"

　　李时珍又故意问道："不知道知府大人得了什么病？"

　　马三洪马上高声喝道："别胡说！知府大人身体好着呢，能有什么病？"

　　"既然知府大人没病，那找小人有何事？难道是想在我这里求得长生不老的药方吗？"李时珍讥讽地说道。

　　马三洪咧嘴笑了笑，说道："正是！果然是名医啊，真是名不虚传，一下就猜中了知府大人的意思。知府大人要权有权，要钱有钱，唯独缺少长寿的秘诀。既然你猜到知府大人的意思，那就走吧！"

　　马三洪一边说着，一边催促李时珍赶紧出发。

这时，李时珍计上心来。他笑着对马三洪说："马大人，小人家中有事，实在是走不开。这样吧，我给你开一个处方，你带回去就可以交差了。"

说完，李时珍回屋拿来笔墨纸张，写了个方子，交给马三洪。马三洪根本不识字，他接过方子，转身就回去交差了。

知府大人从马三洪手中接过方子，连忙打开来看，只见上面写着："千年陈谷酒，万载不老姜，隔河杨搭柳，六月瓦上霜，连服三万七千年。"

知府看完方子，当场气得暴跳如雷，高声大喊："世间哪有这些东西，这哪里是什么方子，分明是在戏弄本大人。"

医药学巨典终问世

在呕心沥血了二十七个年头后，李时珍已经变成了一位满头白发的花甲老人，他的书桌上也已经摞了几尺高的书稿。这些书稿前后经过三次大的修改，可以说凝结着李时珍毕生的心血，他借用朱熹的《通鉴纲目》之名，将这部新《本草》命名为《本草纲目》。

李时珍的徒弟们知道师傅的毕生杰作终于完成，都由

名医圣手

衷地感到欣喜。有一次，徒弟庞宪对李时珍说："师父，您还是尽早找人把这部《本草纲目》刻出来吧，这样它才能流传于世，造福百姓啊！"

李时珍觉得庞宪说得很有道理，于是，立即前往南京找工匠刻书。当时的南京城可谓刻书行业最集中的地方。但是，李时珍来到南京一打听，顿时有些心灰意冷。

原来，那时候印书都要先自己出钱请刻字工匠刻好木板后才能印刷。李时珍生活清贫，哪里有钱请工匠刻书呢？更何况《本草纲目》书稿很厚，要全部刻完可是一笔不小的费用啊！

李时珍在南京城四处奔走，请求当地的书商提供资金，帮助他刻字出书。可是，那些书商认为这种书根本不能赚钱，都不愿意出钱刻印。过了好久，刻字出书一事还是没有着落，李时珍只好失望地回到家乡。

后来，一些民间医生意识到《本草纲目》的重大价值，开始自发地动手抄录此书。就这样，《本草纲目》慢慢地流传开来。又过了几年，一位喜欢藏书的刻书家看到《本草纲目》的手抄本，认为这是一部非常有价值的医药学典籍，于是决定自费将这部书刻印出来。

1596年，《本草纲目》这部举世闻名的医药学巨典终于在南京正式刊行。而此时，距离书稿完成的时间已经过去

了十年，李时珍也已经去世三年了。

《本草纲目》问世后不久，李时珍的儿子李建元将《本草纲目》递交给朝廷，希望朝廷能积极推广此书，让《本草纲目》更好地为世人所用。谁料，朝廷只批了"书留览，礼部知道"七个字，就把《本草纲目》搁置在了一边。

后来，在大臣张居正的极力推荐下，明神宗才认识到《本草纲目》的实用价值，下令翻刻印行。从此，《本草纲目》在国内得到广泛传播，被许多医生视为必备书目。

1603年，《本草纲目》在江西翻刻。1606年，《本草纲目》首次传到日本。后来，《本草纲目》又被译成拉丁文传入欧洲。现今，《本草纲目》有英、日、法、德、俄等多种译本，广泛流传于全世界。

《本草纲目》全书共52卷，约190万字。全书共收录的药物种类多达1 892种，收录的古代药方11 096则，另附药物形态图1 100多幅。李时珍还详细地记载了每种药物的产地、形状、颜色、气味、功用以及采集和制作方法等。更为可贵的是，其中绝大多数药物都是经过李时珍实地考察和反复验证过的。

《本草纲目》在许多方面都实现了重大突破，可以说是到十六世纪为止中国最系统、最完整、最科学的一部医药学著作。李时珍打破了沿袭一千多年的上、中、下三品分

类法，把药物分为水、火、土、草、木、禽、兽等16部。每种药物都以正名为纲，纲之下列目，纲目清晰。李时珍开创的纲目体系植物分类法，比欧洲科学家提出来的时间早了一百多年。

尽管《本草纲目》中也存在纰漏之处，可是直到今天，人们依然推崇它的实用价值。它仍旧是我国药物学宝库中的一颗明珠，而且对世界医药学、植物学、动物学、矿物学、化学的发展产生了深远的影响。正如英国生物学家达尔文所说，《本草纲目》堪称"1596年的百科全书"。

主要成就及影响

李时珍是我国明代杰出的医学家和药物学家，对我国及世界医药学的发展作出了突出贡献。他花费毕生心血编撰的《本草纲目》被誉为"东方医药巨典"，并入选世界记忆名录。

《本草纲目》采取了"析族区类，振纲分目"的科学分类方法，将药物分矿物药、植物药、动物药，之后又按部、类等逐级进行分类。从无机到有机，从简单到复杂，从低级到高级，这种分类法明显含有生物进化的思想，受到达尔文的高度重视。

《本草纲目》不仅是一部医药学典籍名著,还是一部影响广泛的博物学著作,其中涉及生物、化学、天文、地理、地质、采矿、历史等内容,为后世的相关研究提供了重要的史料支撑,至今已先后被译成日、法、德、英、拉丁、俄、朝鲜等十余种文字在国外出版。

知识链接

冬 花

冬花，菊科款冬属多年生草本植物，别名款冬、蜂斗菜，主要分布于中国、印度、伊朗、巴基斯坦、俄罗斯、西欧和北非。冬花喜欢温暖湿润的环境，适宜在疏松肥沃、排水良好的沙质土壤中生长，常见于海拔800~1600米的沟谷旁、稀疏林缘和岩石缝隙。

冬花以花蕾入药，有镇咳、祛痰、平喘、润肺的作用。

鲜地黄

鲜地黄，别名生地黄，指的是玄参科植物地黄的新鲜块根。

地黄在我国大部分省份都有分布，主要为人工栽培，但在海拔50~1100米的山坡及路旁荒地中也不乏野生地黄。

人工栽培的地黄一般在10月至11月份收获，而野生地黄春季即可采挖。采时需仔细深挖，以免挖断根部。挖出的地黄除净茎叶、芦头及须根，洗净泥土即为鲜地黄。

鲜地黄具有清热凉血、生津润燥的功效，可煎汤内服，用于急性热病、斑疹、便血、口舌生疮、咽喉肿痛、劳热咳嗽等，亦可捣烂外敷，用于火伤、跌打瘀肿疼痛等。

叶天士

姓名 / 叶天士

朝代（时期）/ 清朝

出生地 / 江苏吴县（今江苏苏州）

出生时间 / 公元 1666 年（一说公元 1667 年）

逝世时间 / 公元 1745 年

主要成就 / 擅长治疗时疫和痧痘等症，在温病学、杂病学等领域成就巨大，并最早发现了猩红热

叶天士是清代四大温病学家之一，他博览群书，虚心好学，曾先后拜十七位名医为师。他一生专注于行医济世，积累下来的经验被弟子总结、整理成了医学著作《温热论》，并形成了我国医学史上的一个重要流派——"叶派"。

壹 生于清代医学世家，自幼随父学医。

贰 师门深广，先后拜十余位名医为师。

叁 医术精湛，留下众多治愈疑难杂症的奇闻逸事。

肆 其行医经验由弟子总结成专著《温热论》。

伍 开创了以研究温病为主的医学流派——"叶派"。

奇闻故事多

叶天士医术精湛，有妙手回春、药到病除的高超本事。康熙皇帝曾经御笔亲题"天下第一"的匾额赐给叶天士，以此感激他医好自己的搭背疮。民间流传着许多关于叶天士治愈疑难杂症的奇闻逸事。

治难产

有一次，叶天士的邻居家有个妇人难产，妇人的丈夫急忙跑出去请医生。医生简单地询问病情后，只开了一副药方，并说："你回去按这个方子抓药。病人喝了汤药，很快就能顺利生产了。"

妇人的丈夫拿着方子，心里却不放心。后来，他正巧遇到出门问诊的叶天士，于是立刻上前询问说："叶先生，我的妻子正难产在家。这是其他医生给开的方子，您能不能帮我看看这个方子到底管不管用？"

叶天士接过药方，仔细地看了看，然后对他说："这药方并没有什么大问题，只是缺少一个重要的药引子。现在，我替你加上一片梧桐叶作引子。这样，病人喝了汤药，立

名医圣手

刻就能生下孩子了。"

邻居赶紧按照叶天士的新药方去药铺抓药，回家熬好汤药后，端给妻子服用。没过多久，妻子果真顺利生下一个健康的婴儿。后来，有一些医生听说了这件事，纷纷效仿叶天士，在催产方中加入梧桐叶作引子。

还有一次，也是一个孕妇难产。孕妇在家人的搀扶下，勉强支撑着来找叶天士求救。当时，叶天士正在下棋。他抬头瞅了一眼那个疼痛难忍的孕妇，不屑地哼了一声，然

后不理不睬地继续下棋。

孕妇疼得满头大汗，不停地大声哀号。这时，叶天士的棋友实在看不下去了，替孕妇求情说："你赶紧救救这个妇人吧！你看她疼得……"

不料，还没等棋友说完，叶天士竟然起身，生气地掀翻了棋盘，棋子顿时散落一地。接着，叶天士声色俱厉地对孕妇说："病来如山倒，病去如抽丝。哪里在乎这一会儿工夫，你急什么？赶紧给我把棋子捡起来！"

孕妇被吓坏了，赶紧按照叶天士的命令，俯下身子，把棋子一颗颗地捡起来。

棋子捡完后，叶天士忽然大笑着对孕妇说："这下好了，你现在到里屋躺着，你的孩子很快就能顺利生产了。"

孕妇听了半信半疑，但也不敢说什么，只得在家人的搀扶下来到里屋。没过一会儿，屋里便传来婴儿的啼哭声。棋友感到十分惊讶，对叶天士大为赞叹："你真是太厉害啦！怎么不用一针一药，只靠捡棋子就能治好了难产呢？"

叶天士笑着说："来回滚动的石头才不会长苔藓。我刚才一眼看出这个妇人怀的是捧心胎，胎儿双手在母体的心窝处，所以胎儿赖在娘亲肚子里不肯出来。我让那妇人俯身捡棋子，她弯腰佝偻了很久，胎儿在她运动的作用力下恢复了胎位，自然能顺利生产了。"

棋友听完这番话，忍不住笑着说："原来这是你的'治病把戏'啊！刚才那阵势，差点连我都给蒙住了。"

治 痘

在吴县的远郊住着一个富商，他中年得子，对儿子十分宠爱。不料，孩子两三岁时竟得了红花疹，全身起痘，而且高烧不退。富商找了好几个医生来，都没能治好。后来，孩子一连哭闹了好几天，最后竟昏迷不醒。这可急坏了富商一家人。

正当富商急得像热锅上的蚂蚁时，有个热心的邻居对他说："吴县的叶天士尤其擅长治痘，你家孩子的病除了他恐怕没人能治好。不过，叶天士是当今名医，不知道他是否愿意屈尊，到这偏远的郊区来看病？"

富商听了既高兴又有些担忧。后来，他听说叶天士喜欢斗蟋蟀，于是急中生智，买来最好的蟋蟀，到叶天士家中去"挑战"。结果两军对垒，各有胜负。富商很不服气，对叶天士说："我家里还有一只十分厉害的'黑元帅'，可以说是天下无敌，从没有打败过。"

这句话一下子激起了叶天士的兴致，他想目睹"黑元帅"的风采，于是来到富商家中。这时，富商才对叶天士说出了实情，并希望叶天士原谅自己因救子心切而不得已

用的激将法。

叶天士听了丝毫没有怪罪的意思，而是急忙说："救人要紧，赶紧让我看看孩子！"

富商随即把叶天士带进屋里。叶天士看到孩子躺在床上，昏迷不醒，而且浑身起满斑疹，浑浊凹陷。他知道这孩子的病情已经十分严重，不能再有耽搁，于是急忙叫富商搬来十几张桌子，一一涂上油漆，然后把孩子的衣服脱光，放在第一张桌子上开始用手来回揉搓孩子的身体。等到十几张桌子都这样用完了，天已经快亮了。这时，孩子突然"哇"地一声哭了出来，身上的痘子也全部发了出来。

后来，叶天士刚满一岁的外孙也得了痘症。叶天士的女儿焦急地抱着孩子让父亲替孩子治疗，可叶天士一看，摇了摇头，叹息着说："孩子年龄太小，这痘症估计是治不好了。"

女儿听了，情绪失控地说："父亲，您不是常说'痘无死症'吗？别人家的孩子您都能治好，怎么轮到自己的外孙就没救了呢？"

叶天士低头沉思了好久，突然从女儿怀中抱过孩子，把他赤条条地放到一间废弃已久的空房子中。之后便锁上门，悠然地走了。

女儿不忍心让孩子一人躺在空房子里，于是三番五次

地请求父亲打开房门。可叶天士坚决不同意。

到了后半夜，叶天士来到空房子里，看见孩子身上的痘已经全部发出来了，一粒粒就像珠子一样晶莹饱满。

后来，女儿好奇地问父亲，为什么这样就能治好痘症。叶天士笑了笑说："那间空房子废弃多年，里面全是蚊子，通过蚊子的叮咬，痘就能全部发出来了。"

治 贫

有一天，叶天士正在药铺替病人诊脉。忽然，一个衣衫破旧的人冒冒失失地闯了进来。还没等叶天士开口问话，那人便拱手作揖地说道："叶先生，我听人说您医术了得，能治百病，就像在世的活神仙。现在，我得了一种不治之症，不知道您能否帮我治好呢？"

叶天士笑着说："但凡是我能治好的病，我一定效劳。只是不知道你到底得了什么病？"

那人回答说："俗话说，'人不欺病，病难欺人'。其实，我一无内疾，二无外伤，只是生活太穷了，您能否帮我治贫？"

叶天士听了笑而不语，旁边看病的人们却纷纷指责说："你这个人真是无理取闹！贫穷哪是什么病？你就算寻遍天下名医，也没人能治贫啊！"

了不起的中国历史人物

叶天士却捋了捋胡须，不急不慢地说："其实，贫穷也算是一种病嘛！它既没有佳肴滋补，又平添忧愁伤身，真可谓有损元气。不过，在我看来，治贫也不是什么难事。现在，我给你一枚橄榄，你吃了果肉，留下果核，等时节到了把它种下去，等它长成大树，你的生活自然就不会贫穷了。"

那人听了有点摸不着头脑，将信将疑。旁边的病人们也纷纷议论，认为种橄榄与治贫是风马牛不相及的事情。

叶天士没有再多作解释，只说让那人回去一试便知。

到了春天，那人抱着试一试的心态，把橄榄核种在地里。第二年，橄榄树就长高了，虽然还没开花结果，但是

名医圣手

枝叶十分茂盛。那人心想：这橄榄树不结果有什么用？于是，他再次去找叶天士，询问事情的究竟。

叶天士笑着说："不要着急，过些日子自然会有人给你送钱。"

那人听了还是跟上次一样，半信半疑，然后悻悻地回家了。

可没过几天，果真有许多人陆陆续续地拿着钱来买橄榄叶。虽然每人只要几片叶子，价钱也很便宜，但这么多浓密的叶子，加上接踵而至的买家，使得那人很快就发了一笔小财。然后他用这笔钱做起小买卖，不仅摆脱了贫困，还变成了小康之家。

后来，那个人专程带着厚礼再次来到叶天士门前，一是为了答谢叶天士，二是为了探问其中的奥妙。

叶天士谢绝了他的馈赠，并把其中的秘密告诉了他。

原来，叶天士早有预料，这个时节会暴发一种传染病，而治疗此病必不可少的药物就是橄榄叶，所以医生在开方时，都会加几片进去。但在偌大的吴县城中，橄榄叶并不常见。很多病人为了治病，前来询问叶天士。叶天士便把那人的住处告诉给病人，让大家去那里买橄榄叶。如此一来，那人的橄榄叶自然成了发家致富的"良药"。

听了这番话，那人对叶天士更加感激涕零。

按方服一百剂

叶天士曾经遇到过一个病人,这个人患有一种慢性病。病情虽然不严重,但是经常复发,这使得那人十分苦恼。后来,他听说叶天士医术高超,于是急忙来求医。

叶天士认真地给病人把了脉,又观察了病人的舌苔,之后诊断说:"你的病情并不严重,只是拖了这么多年没能治愈,才会一直反复无常。我给你开一副方剂,你一定要按时服用,并且坚持服用一百剂,这样,你身上的顽疾才能被彻底治愈。"

病人听了喜上眉梢,马上拿着叶天士的药方去抓药。病人按照叶天士的嘱托,服用了八十剂,病情有了明显好转,而且再也没有复发过。这时,病人以为自己已经痊愈,

就停止了服药。

结果到了第二年,病人的病又复发了。这可急坏了那个病人,他急忙去找叶天士,略带抱怨地说道:"叶先生,我按时服用了您给开的汤药,怎么现在病情又复发了呢?"

叶天士紧接着问道:"你有没有按照我说的,真的服用了一百剂汤药呢?"

病人听后默默地摇了摇头。

叶天士笑了笑,对他说:"我叫你服一百剂,你才服八十剂,当然复发了。从今天开始再服四十剂,你的病就永不复发了。"

这次,病人可不敢不听叶天士的话了。他丝毫不差地服完四十剂汤药,果真彻底痊愈了,而且再也没有复发过。

虚怀若谷拜恩师

叶天士天资聪颖,医术过人,但他从不骄傲自满,他坚信"三人行必有我师",但凡遇到比自己厉害的医生,不论名声大小,他都虚心求教。叶天士先后拜十七位名医为师,研学医术,最终成了医界骄子。他谦恭诚恳的求学态度,也成了后世学习效仿的典范。

了不起的中国历史人物

改名换姓学针灸

叶天士听说山东有位姓刘的名医，十分擅长针灸术，便想跟刘医师学习，但这位刘医师从来不随便收徒弟，除非经熟人介绍才行。叶天士想了很多办法，都没能见到这位刘医师的真容，心里渐渐地打起了退堂鼓。

这天，一个扭伤了腰的病人来找叶天士看病，叶天士看这个病人腰疼得厉害，赶紧替他检查身体，随后专门调配了几副膏药。

病人用完几贴膏药后，腰果然不像以前那么疼了。等腰伤痊愈后，这个病人又亲自来向叶天士道谢。

叶天士笑着说："治病救人是我们医生的职责所在，没什么可谢的。其实，你这腰疼的毛病用针灸治疗最好，只是我学艺不精，没有山东刘医师的本事。要是能有幸向他学习针灸，那就真是太好了。"

正所谓"无巧不成书"。这个病人听了叶天士的话，马上惊喜地说："您说的刘医师就是我的舅舅。如果您想拜他为师，我可以引荐您去见他。"

叶天士听了高兴得难以自已。他简单地收拾了些行囊，便跟着那人前往刘医师的住所。在路上，叶天士对他说："俗话说'同行是冤家'。如果我直接跟刘医师说自己是他的同行，恐怕他不会答应收我为徒。这样吧，我愿意更名

改姓，跟着他学习。你一定要替我保守这个秘密。"那人点点头答应下来。

刘医师见到叶天士后，看他态度诚恳，谦虚好学，最终答应收他为徒。此后，叶天士就跟着刘医师四处出诊，并在诊治过程中仔细观察刘医师每次的施针技法。很快，他就在针灸术方面取得了很大的进步。

有一天，刘医师遇到一个因难产而昏迷不醒的孕妇，仔细诊完脉后，他摇摇头叹息着说："这个妇人送来得太迟了，估计救活的希望不大了。"

叶天士上前仔细观察了一番，发现这个妇人是因为腹中胎儿不能转动，疼得晕倒了。他赶紧拿出一根针，在妇人的肚脐下方扎了一下，结果没过多久，胎儿就顺利降生了。

刘医师感到十分惊奇，连声赞叹自己的徒弟竟然有如此大的本事。后来，经过详细询问，他才知道这个徒弟原来就是大名鼎鼎的叶天士。

刘医师被叶天士虚怀若谷的求学态度所感动，决心把自己的毕生所学都传授给他。

隐姓埋名拜老僧

一次，叶天士遇到一位举人。这位举人本来正准备进

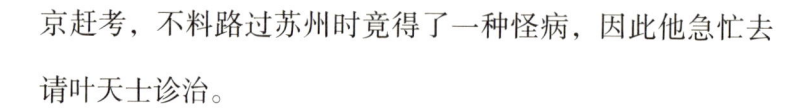

京赶考，不料路过苏州时竟得了一种怪病，因此他急忙去请叶天士诊治。

叶天士摸了摸举人的脉，然后仔细地询问了病情。

举人回答说："我的身体并没有其他不适，只是每天都感到十分口渴。这种情况已经持续了很长一段时间了。"

叶天士说："我看你的内热太重，恐怕是得了糖尿病。我劝你还是不要进京赴考了，赶紧回家休养吧！说句不该说的话，你的时日恐怕不多了。"

举人听了十分沮丧，本想动身回家，但转念一想，自己寒窗苦读十几年，就算到死也不能就此放弃，于是他执意启程北上。

到达镇江时，举人听说有个老僧能治百病，于是赶紧去求治。老僧在给举人仔细地把脉、观看舌苔后，得出了与叶天士一模一样的诊断结果。只不过，叶天士没有施救方法，老僧却给出了具体的治疗方案。他告诉举人："从今天起，你每天都以梨为生，口渴了吃梨，饿了也吃梨，这样坚持百天，你的病就好了。"

举人按照老僧的说法每天吃梨，果然平安到达京城，并成功考取了功名。许多年后，举人衣锦还乡，在苏州碰巧遇到叶天士，就把离开叶天士之后的经历讲给他听。叶天士得知老僧的医术如此高明，就想去拜他为师。于是，

他向举人打听到老僧所在的寺庙，并打扮成穷人的样子，前去拜会老僧。

叶天士对老僧说，自己名叫"张小三"，因为家乡闹饥荒而逃难至此，想拜师学医养活自己。老僧见张小三十分可怜，就答应收留他。

从此，张小三在寺庙里每天起早贪黑，挑水砍柴，并挤出时间跟着师父学习医术。老僧也很喜欢这个勤奋的徒弟，倾尽毕生精力，传授他医学知识。

三年后，老僧已经把全部所学都教给了张小三，于是对他说："张小三，你已经学到了我的全部医术，可以出去治病救人了。凭你现在的本事，可以和江南名医叶天士相提并论了。"

叶天士听后立刻跪在地上，向师父坦白，自己就是叶天士，并解释自己隐姓埋名拜师学医的缘由。老僧得知事情的原委后，非常感动。

叶薛之争

叶天士与薛雪是同时代的温病大家，但二人在许多医学观点上存在不少分歧，甚至互相排斥彼此的学说。这使得二人私底下的关系有些不融洽。据称，叶天士曾将自己的书斋命名为"踏雪斋"，而薛雪则将自己的书房题作"扫

叶山房"。

有一次，叶天士的母亲得了重病，整日高烧不退，面红耳赤，而且全身大汗，面红口渴，脉象洪大。叶天士诊断后立即给母亲开了一副去温除热的药方，可是母亲服用后，病情丝毫不见好转。这可急坏了叶天士，他急忙四处查证医书，发现母亲的病症应该用白虎汤治疗。可是，叶天士知道，白虎汤药效极强，功力强劲。他担心母亲年岁已高，身体经受不住这服药的效力。

后来，这件事传到薛雪耳中。他笑道："病人的病症完全符合白虎汤的治疗特性，当然就得对症下药。只要药下对了，不管病人多大年纪，也不可能会伤人啊！这有什么可犹豫的呢？"

叶天士听闻薛雪的一番话之后，顿时醒悟，立即给母亲熬制了一服白虎汤，伺候母亲服下。结果没一会儿工夫，母亲的高烧就退去了，病情也逐渐好转。

这件事成了叶薛二人之间关系的转折点。叶天士亲自前往薛雪家中，拱手作揖，感谢他直言不讳，救了自己的母亲。薛雪也十分感动。他们二人自此摒弃前嫌，成了无话不谈的至交密友，并经常在一起切磋医术。

名医圣手

《温热论》

多年以来，叶天士对温热病进行了大量细致、深入的研究。他的弟子将叶天士的这些临证经验进行整理和总结，著成一本名叫《温热论》的专著。《温热论》可谓温病学派的开山之作，这本书的篇幅虽然不长，甚至没有记载任何具体的方剂，却汇集了叶天士多年以来遇到的临床温热病病症，以及他对这些病症及其发病规律的精辟总结和分析。

叶天士曾指出："温邪上受，首先犯肺，逆传心包。"如此短短几个字就概括了温病的特征性发展规律。他还提出了"吾吴湿邪，害人最重"的观点，也是温病学的重要特征，这一学派产生于江南一带，与北方的伤寒派的差异很大，这与地域和气候有很大关系。

除此之外，《温热论》还将"伤寒"与"温病"两大学说从辨证方法上区分开来。这种大胆的创新来自于叶天士对古籍医书的透彻分析和他丰富的临床经验。因此，也有人认为，叶天士称得上是一位对《伤寒论》理解得最透彻的医家。

《温热论》不仅对温热病的病症做了详细的分析，还在中医学辨证治疗方面取得了突出贡献。叶天士在此书中，将使用了千余年的以"六经辨证"为主的外感病诊断方法，

进一步发展为以"卫、气、营、血"四个层次为主体，由表及里的辨证方法。

这既是成功的创新，又是对"六经辨证"的高水平的应用和发展，标志着中医学在辨证水平上的又一次提升。《温热论》也就此成为后世中医学乃至现代中医学临床诊断热性疾病的重要依据。叶天士的《温热论》可以说是初学者学习温病学说的必读书。后世出现的许多温病学派医家都曾学习和借鉴叶天士的温热学理论体系，创作出许多温病学方面的辉煌论著。

主要成就及影响

叶天士以治疗时疫和痧痘而著称，同时在温病学方面取得了斐然成就，开创了我国以研究温病为主的医学流派——"叶派"，在我国近代医学史上占据着重要位置。叶派弟子在叶天士的行医实践基础上编著了《温热论》，为我国温病学的发展和研究提供了重要依据和支撑。《温热论》中首先提出"温邪上受，首先犯肺，逆传心包"的论点，概括了温病发展和传变的途径，成为认识外感温病的总纲。

除了精通医术，叶天士在治学方面始终坚持虚心求教、学无止境的进取精神，为后世树立了良好的治学典范。

/知识链接

黄 连

黄连，毛茛科黄连属多年生草本植物，喜冷凉、湿润、荫蔽，主要分布于四川、贵州、湖南、湖北、陕西南部等地的高山密林中。性寒，味苦，有清热燥湿、泻火解毒之功效。

主治湿热、泻痢、心火亢盛、心烦不寐、心悸不宁、牙痛等症，但过量久服易伤脾胃，脾胃虚寒者忌用，苦燥易伤阴津，阴虚津伤者慎用。

梧桐叶

梧桐叶，梧桐科梧桐属植物梧桐的叶片，分布于全国大部分地区，性寒，味苦，具有祛风除湿、解毒消肿、降血压之功效，常用于风湿痹痛、跌打损伤、痈疮肿毒、痔疮、小儿疳积、泻痢、高血压等病症。